O MÍNIMO
ESFORÇO

Copyright © 2024
por Bianca Juliano

Todos os direitos desta publicação reservados à Maquinaria Sankto Editora e Distribuidora LTDA. Este livro segue o Novo Acordo Ortográfico de 1990.

É vedada a reprodução total ou parcial desta obra sem a prévia autorização, salvo como referência de pesquisa ou citação acompanhada da respectiva indicação. A violação dos direitos autorais é crime estabelecido na Lei n.9.610/98 e punido pelo artigo 194 do Código Penal.

Este texto é de responsabilidade da autora e não reflete necessariamente a opinião da Maquinaria Sankto Editora e Distribuidora LTDA.

Diretor-executivo
Guther Faggion

Editora-executiva
Renata Sturm

Diretor Comercial
Nilson Roberto da Silva

Editor
Pedro Aranha

Revisão
Fernanda Felix

Marketing e Comunicação
Rafaela Blanco, Matheus da Costa

Direção de Arte
Rafael Bersi

Dados Internacionais de Catalogação na Publicação (CIP)
Angelica Ilacqua CRB-8/7057

JULIANO, Bianca
   O mínimo esforço : o método de vendas que me levou à posição de sócia da XP Investimentos / Maquinaria Sankto Editora e Distribuidora LTDA. -- São Paulo: Maquinaria Sankto Editora e Distribuidora Ltda, 2024.
   192 p.

ISBN 978-85-94484-29-1
1. Vendas - Administração 2. Negócios

24-0827   CDD 658.164

Índice para catálogo sistemático:
   1. Vendas - Administração

maquinaria EDITORIAL

Rua Pedro de Toledo, 129 - Sala 104
Vila Clementino – São Paulo – SP, CEP: 04039-030
www.mqnr.com.br

PREFÁCIO POR GUILHERME BENCHIMOL

Bianca Juliano

O MÍNIMO

O método de vendas que me levou à posição de sócia da XP Investimentos

ESFORÇO

mqnr

SUMÁRIO

7   MÁQUINA DE FAZER ACONTECER

17   INTRODUÇÃO

25   POR QUE COM TANTO ESFORÇO?

37   OPORTUNIDADE EM TUDO

65   PRÉ-MÉTODO: ACHAR UM PROPÓSITO

79   O MÍNIMO ESFORÇO

103	**O DESAFIO**
119	**LIDERANÇA INTELIGENTE**
135	**OS 4 PILARES**
153	**10 PRINCÍPIOS PARA A LIBERDADE FINANCEIRA**
167	**ESTOU NA JORNADA ERRADA, E AGORA?**
179	**VIDA LIVRE**
187	**AGRADECIMENTOS**

PREFÁCIO POR GUILHERME BENCHIMOL
MÁQUINA DE FAZER ACONTECER

Conheci a Bianca em Porto Alegre, em 2006, quando estávamos estruturando o time comercial da nossa gestora de recursos na XP Investimentos. Naquela época, a empresa ainda era muito pequena, ocupando um espaço pouco maior do que a famosa sala de 25m² onde havia sido fundada em 2001. Já sonhávamos grande, mas admito que não tínhamos ideia do nosso real potencial. A única certeza que eu tinha é de que precisávamos, ao nosso lado, de pessoas determinadas, curiosas e que, de fato, pudessem fazer as coisas acontecerem.

Sem dúvida alguma, se eu tivesse optado por ter construído algo sozinho, tenho certeza de que não teríamos chegado onde estamos hoje. O que sempre falo, é que precisamos buscar pessoas melhores do que nós para construir algo maior. E é por isso que quando me perguntam qual foi a decisão mais importante que já tomei na minha vida empresarial, não tenho dúvida ao dizer, que foi dividir o meu sonho com outras pessoas, para a construção da nossa *partnership*.

Ao longo das últimas décadas, centenas de pessoas passaram pela nossa sociedade, e cada uma delas, a seu modo, ajudou a fortalecer nossa cultura e deixá-la na intensidade atual: sonho grande, mente aberta, espírito empreendedor e foco no cliente. São esses os comportamentos que buscamos nos nossos sócios e, independente de qual função tenham na companhia, precisam praticar e ser exemplos para todos os outros colaboradores.

É aí que entra a Bianca Juliano, uma das sócias mais longevas da XP Inc. Apesar de ainda ser bem jovem naquela época, começou no nosso escritório de Porto Alegre e acompanhou a XP pelas várias mudanças que tivemos ao longo da nossa trajetória, até se mudar, definitivamente, para São Paulo. O brilho nos olhos e a vontade que ela demonstrava em fazer parte do nosso grupo foram diferenciais para que eu, pessoalmente, a contratasse na época. Sempre muito determinada, humilde e resiliente, ela teve a oportunidade de liderar diversos projetos e times ao longo dos 17 anos em que esteve na XP.

Ela sempre conseguiu superar a maior parte dos desafios que teve, indo além do esperado e tornando-se uma voz ativa na equipe. Eu costumava chamá-la de "máquina de fazer acontecer", afinal, nada a fazia parar enquanto não atingisse seu objetivo. E foi com esse apelido que a convidei para ser sócia, em 2007.

Esse reconhecimento não era só pelas características que mencionei há pouco ou por sua performance, mas sobretudo por sua aderência à nossa cultura.

Quando realizamos a Oferta Pública Inicial (IPO) na Bolsa de Valores da Nasdaq em Nova York, em dezembro de 2019, não poderia ter sido diferente, Bianca estava lá conosco para coroar aquele momento tão emblemático. Foi um dos dias mais incríveis das nossas vidas.

Bianca Juliano e Guilherme Benchimol emocionados e celebrando o recorde brasileiro na IPO pela XP Inc., em dezembro de 2019, na Bolsa de Nasdaq, Nova Iorque.

Era o início de um período de amadurecimento, tendo agora a XP Inc. como parte integrante de uma bolsa global, ao lado de algumas das maiores e mais inovadoras empresas do mundo. A empresa vinha buscando cada vez mais o seu espaço no mercado financeiro brasileiro, desafiando um dos mercados mais concentrados do mundo e promovendo maior acesso e educação financeira para as pessoas. Estar ao lado de todos os sócios, e com mais de duzentas pessoas presentes, representando o Brasil naquele momento, foi inesquecível.

Com o nosso crescimento exponencial nos últimos anos, a Bianca teve um papel importante na formação de milhares de assessores de investimento, criando métodos simples e eficientes, de fácil aprendizado e com retornos muito importantes. Ter agora em mãos essa experiência profissional, num formato bastante didático, será de grande valor para você.

O livro se chama O *Mínimo Esforço*, mas não se deixe enganar: para chegar onde sonhamos, é preciso muita dedicação, resiliência e foco no longo prazo.

Guilherme Benchimol,
fundador e presidente-executivo do conselho de administração da xp *Inc.*

Dedico este livro a todos que buscam, com resiliência, evoluir a cada dia, em vários aspectos de sua vida, na humildade de estar sempre aprendendo e desbravando com ímpeto de transformação, ousadia e brilho nos olhos. Àqueles que caem e levantam, que lutam e não se entregam, àqueles incansáveis realizadores de suas próprias vidas!

Você só pode gerir o esforço.

Pelo resultado, você se abraça e chora, ou se abraça e comemora.

Faça a sua escolha.

INTRODUÇÃO

Você já sonhou em ter liberdade financeira e uma carreira bem-sucedida? Talvez já tenham lhe apresentado fórmulas engessadas que não se adequem à sua realidade, então você se desmotiva e, por isso, sonha muito e acaba não colocando em prática seu sonho? Garanto que você não está só. E, se está lendo este livro, significa que tem vontade de tirar seu sonho do papel de alguma maneira.

Após 17 anos trabalhando na construção de um dos maiores *cases* de empreendedorismo do Brasil, a XP Inc., decidi reunir em um livro a metodologia que guiou toda a minha jornada de assessora de investimentos (como agente autônoma) até me tornar sócia e executiva na XP. De 2006 a 2023, usei essa mesma metodologia para liderar equipes, treinar times e desenvolver profissionais. Depois de mais de 20 anos aperfeiçoando o processo de desenvolvimento de carreira e gestão pessoal, posso dizer, com absolutamente todas as letras, que não há liberdade sem esforço. Não há resiliência sem esforço. Não há *sucesso* sem esforço.

Mas trabalho árduo sem um guia e direcionamento pode ser jogado fora, por isso o meu objetivo é mostrar como direcionar seus esforços para um planejamento claro, com execução precisa, acompanhamento de ação sóbrio e pé no chão, o que eu chamo de *O Mínimo Esforço a ser feito para realizar seus sonhos*.

O Método *O Mínimo Esforço*[1] surgiu em 2006, quando comecei como assessora de investimentos e precisava montar minha própria carteira de clientes investidores, e se consolidou depois, quando me tornei líder da minha primeira equipe. Àquele ponto, eu captava mais de 1 milhão e meio de reais por mês para a XP Investimentos, volume alto para a época, fazendo prospecção ativa de clientes, parcerias, dando palestras e cursos de educação financeira. Assim, fui chamada para ser sócia da empresa. Eu tinha um telefone, uma planilha, vontade de ensinar sobre educação financeira e muito gás para falar o dia inteiro com possíveis clientes.

Percebi que, para captar a média de 1 milhão e meio mensalmente, eu fazia 100 ligações por dia, no mínimo, e essa captação mensal me

---

[1] O Método dos Esforços e O Mínimo Esforço são dois nomes dados ao Método da autora, que se refere e enfatiza a gestão do esforço para ter o resultado esperado e realizar seus objetivos. Esses assuntos serão explorados durante o livro e permeiam a trajetória da Bianca Juliano. (N.E.)

INTRODUÇÃO

rendia um valor que, aplicado aos meus investimentos, me trazia um retorno anual certo. Esse mesmo retorno poderia ser expandido em uma previsão: Quanto eu precisaria juntar para me aposentar aos 40 anos?

Passei, então, a calcular qual seria o mínimo esforço possível para chegar aos resultados que eu queria e qual seria a projeção por ano do meu esforço. Um simples cálculo matemático, mas que serviu para muitas outras áreas da minha vida: Se eu quisesse comprar um carro daqui a alguns anos, quanto dinheiro eu precisaria juntar? Para juntar esse dinheiro, quanto tempo precisaria trabalhar? E qual seria o mínimo de esforço necessário para tirar o meu plano do papel e colocá-lo em prática? Tudo isso é o Método O *Mínimo Esforço*.

Aplicando o Método direto na minha vida, fui convidada para ser sócia por Guilherme Benchimol, fundador da XP Inc. e um dos homens mais reconhecidos e visionários do mercado de investimentos e empreendedorismo no Brasil — quiçá na América Latina. Fui chamada de "máquina de fazer acontecer". Eu já estava feliz por ser sócia e poder comprar ações, mas ser reconhecida pelo meu trabalho pelo homem que mudou o cenário brasileiro foi uma certeza, novamente, de que meu esforço estava direcionado para o lugar correto.

O resultado é totalmente consequência do seu esforço. Olhar para seus próprios números é o suficiente para pôr seu sonho em pauta! Você não depende das suas circunstâncias para alcançar sua liberdade financeira ou para ascender em sua carreira. Enquanto vemos gurus de desenvolvimento pessoal exigindo de você ações que não correspondem à sua realidade, digo com convicção que os esforços certos levam absolutamente *qualquer pessoa* a ser dona do seu próprio destino.

O *Mínimo Esforço* é adaptável: ele se encaixa tanto nos menores quanto nos maiores sonhos, justamente porque é individual e totalmente aplicável.

Dessa forma, consegui contribuir com muitos projetos e estruturá-los do zero, como a Operação Everest e o Projeto Performance em parceria com a Falconi Consultores. Este último foi um passo extremamente importante para o meu aprendizado — um MBA na prática. O professor Falconi se tornou um grande mestre e uma referência para mim. Já a Operação Everest foi uma das maiores empreitadas da minha carreira, quando liderei um projeto de implementação de boas práticas comerciais e de gestão nos 30 maiores escritórios da rede de distribuição da XP B2B (o que definiu muito dos modelos operacionais praticados até hoje nos escritórios de assessoria Brasil afora); além disso, organizei o Núcleo Startup da XP, levando as boas práticas comerciais e de negócios para *todos* os novos escritórios da XP. Foi um trabalho intenso, usando o Método dos Esforços, porque conseguimos ajudar a estruturar startups que cresceram e se desenvolveram focadas em um objetivo, com uma metodologia clara de sucesso. Hoje muitas dessas startups de investimentos e dos escritórios da Operação Everest fazem parte do hall dos

INTRODUÇÃO

maiores escritórios de investimentos do Brasil.

Para entender melhor como a mente humana funciona no âmbito da construção de carreira, me pós-graduei em Neurociência na PUC-RS, com um trabalho de conclusão voltado para a relação da neurociência com a liderança no mercado corporativo. Um dos meus maiores objetivos com esse tempo de estudo foi justificar em nossa mente o que significa ser resiliente e estabelecer como transformar sonhos em ações duradouras. Toda a minha carreira é direcionada para o ensino, e há uma ciência por trás das nossas decisões quando trabalhamos no mercado corporativo — seja em áreas comerciais e de vendas, seja em posições de liderança, onde passei boa parte da minha trajetória.

O que diferencia alguém que sonha muito e nunca alcança de alguém que tem objetivos (ou sonhos) e os coloca em prática com sucesso? A neurociência explica e nos dá a chance de compreender como fugir do caminho fácil de sonhar acordado, permanecendo um sonhador sem esforço, e tirar do papel o que você sempre quis — isso mesmo, esse sonho que você tem aí no fundo do peito e nunca soube como trazer à vida.

Penso que compartilhar aprendizados e ajudar quem busca uma jornada profissional promissora, no mercado financeiro ou não, configuram uma maneira de deixar um legado para um Brasil rico e focado, com pessoas que tenham liberdade para investir em seus maiores sonhos. Quero auxiliar quem quer fazer parte de uma construção de grande impacto positivo, seja empreendendo ou intraempreendendo, como foi meu caso, encontrando oportunidades de investir e inovar dentro do ambiente de trabalho no qual você já está inserido.

Nos próximos capítulos, busco incentivar, inspirar e direcionar as pessoas na prática de uma atitude vencedora e empreendedora. Quero falar com transparência do que existe por trás de uma jornada desse porte, com mais de 17 anos em uma empresa altamente inovadora, arrojada e meritocrática.

Muitas pessoas querem a colheita, e não os custos da plantação — vi quem queria os louros, o sucesso e a sociedade nos momentos de liquidez da companhia, mas não estava disposto a se entregar de maneira completa e ter atitude para chegar lá, na prática.

Devore o seu ego, engula-o, coloque-o no bolso, empacote-o e guarde-o. Faça o que quiser com ele, mas tire-o da frente, porque ele só atrapalha. Se você estiver disposto a isso, siga nesta leitura!

Este livro é para os ambiciosos, aqueles que têm grande vontade de construir negócios de sucesso que geram resultados e transformam — ou de fazer parte deles. A jornada é longa. Ela requer paciência, resiliência, foco, luta e até sofrimento, sim. Quero inspirar aqueles que estão iniciando ou em fase de desenvolvimento de carreira e mostrar que é possível.

Além disso, pretendo ajudar você a entender o seu perfil de vendedor, identificando suas maiores qualidades e defeitos enquanto profissional,

INTRODUÇÃO

para auxiliá-lo a montar seu plano de carreira e sua vida financeira. Somente pelo autoconhecimento somos capazes de planejar nosso sucesso, porque ele não cai do céu.

O livro O *Mínimo Esforço* é destinado à sua autoliderança, à gestão pessoal, financeira e vocacional. Se você está pronto e disposto a mudar sua vida completamente, desejo-lhe as boas-vindas à metodologia que promete revirar tudo o que você sabe sobre esforço e resiliência.

CAPÍTULO UM

POR QUE COM TANTO ESFORÇO?

O Método dos Esforços começa com uma janela. Na véspera do *Initial Public Offering* (IPO) da XP, em Nova York — um evento importante para empresas, quando elas passam a ser de capital aberto e podem ser negociadas na Bolsa de Valores —, eu estava trabalhando na feira de Carreiras dos MBAs da XP Educação (XPE), um braço da XP voltado ao aprendizado do mercado financeiro e a preparar assessores para trabalhar. Enquanto isso, toda a comitiva da XP estava em Nova York. Sem saber a data do IPO, agendei a Primeira Feira de Carreiras da XPE para o dia 10 de dezembro de 2019, e o IPO seria no dia 11 do mesmo mês.

O dia mais importante da minha carreira estava ali. Eu estaria diante dos maiores nomes do mercado financeiro e precisava escolher entre permanecer com meus alunos, que eram parte do meu propósito, e estar no evento em Nova York, que também fazia parte do meu propósito e seria a realização de um grande sonho à base de muito trabalho árduo.

Eu já tinha a passagem garantida para o IPO — seria o último voo da noite saindo de Guarulhos, em São Paulo. O evento precisava ser um sucesso (e foi), mas dentro de mim havia algo apertado, que me lembrava: "Seu sonho está logo ali. O que você vai decidir?". Eu estava determinada a fazer dar certo. Queria ir a Nova York e participar do evento. Porém, um temporal se armou e o caos em São Paulo se instalou.

No momento de sair rumo ao aeroporto, não conseguia táxi, Uber, helicóptero — nada que pudesse me levar até lá. Depois de uma hora tentando, um táxi aleatório apareceu na porta do local do evento. Eu nem olhei para os lados e pulei para dentro com minha malinha de mão. O tempo previsto para chegar, conforme o GPS, ia aumentando a cada minuto. Começou em duas horas e acabou em quatro.

Dentro do táxi, meu desespero se transformou em lágrimas — em pranto, para falar a verdade, porque lágrimas eram algo muito sutil para o que estava acontecendo naquele banco de trás do carro. O motorista olhou pelo retrovisor e disse:

— Moça, você está chorando?

POR QUE COM TANTO ESFORÇO?

Ele estava preocupado, até confuso — aquela sensação estranha de cidade grande, com as pessoas não se surpreendendo diante de algumas situações. Eu nem conseguia traduzir em palavras o que estava sentindo, mas um filme passava na minha cabeça: tantos anos, tantas histórias e tantos esforços... Eu estava concretizando 13 anos de noites sem dormir, de momentos em que me questionei se estava fazendo o certo, mas sem desistir. Eu só conseguia pensar: *Meu Deus, maldito Método dos Esforços! Por que tinha que ser assim com tanto esforço? Acho que já foi de bom tamanho até aqui! Chega! Será que desta vez não podia ser diferente? Só um pouquinho mais leve?*

Naquele instante, todo o cansaço de 13 anos de trabalho árduo, de amigos que deixei de ver, da família que deixei de visitar, tudo por causa do meu sonho, pesou sobre meus ombros. Eu estava exausta.

O que as pessoas não costumam falar sobre a resiliência é que pode ser muito solitário quando o cansaço finalmente nos preenche, sobretudo nas noites em que deitamos a cabeça no travesseiro e pensamos: *Isso vale mesmo a pena?*

Tomada de muita emoção, eu apenas respondi para o motorista:

— Você não sabe o que esse evento ao qual estou tentando chegar representa. É o momento mais esperado de toda a minha vida!

As pessoas que torciam por mim estavam cientes do perrengue e me ligavam toda hora para saber onde eu estava. A resposta era sempre igual: *No mesmo lugar: parada!* A tensão e a torcida eram gigantescas. Meu pai fez até promessa para o anjo da guarda dele.

Durante todo o caminho até lá, com os carros parados e meu coração batendo forte no peito, me lembrei de outras vezes em que a vida tinha me cobrado muito mais do que eu sentia que poderia aguentar. Mas eu ainda tinha algo ao qual me segurar: uma janela.

Desde criança, sempre sonhei com minha casa, meu cantinho, no qual eu moraria sozinha. Ao começar a trabalhar na XP, minha primeira meta foi morar sozinha. Eu fechava os olhos e imaginava uma janela de pé alto, com cortinas brancas esvoaçantes, a luz do dia entrando pela janela: minha pele ficava com cheiro de sol, lavanda e brisa fresca. Eu queria tanto aquilo, que chegava a sentir o *cheiro* da minha janela. Acordava com o coração acelerado, o peito doendo diante de quão reais eram aqueles sonhos recorrentes com a janela.

A primeira cozinha que eu comprei no meu primeiro apartamento foi das Casas Bahia, do tipo modular, um ano depois de entrar na XP. Eu mesma a medi e a transformei numa cozinha sob medida. Lidava com a realidade do meu orçamento. Ia a brechós, outlets, lugares desconhecidos pela cidade. Garimpava em toda Porto Alegre até conseguir o que eu queria. Eu me dediquei totalmente usando o que tinha nas mãos, o que não era muito àquela altura do campeonato, mas era muito mais do que eu tinha quando comecei como assessora na XP.

Ali, 13 anos depois, sentada num banco de carro, olhando a chuva pela janela e pensando se valeria a pena, eu não era mais a mesma criança sonhando com seu próprio espaço, com sua liberdade. Eu concretizei meus sonhos. Estava prestes a colher os louros do meu esforço, e tudo poderia dar errado.

Quando finalmente cheguei ao aeroporto, na exata hora da decolagem, saí do táxi às pressas e alcancei o balcão da companhia, quase me atirando na esteira das malas, para ver se eu poderia entrar no avião por ali.

O atendente, sem saber o grande tumulto dentro do meu peito, me encarou assustado e disse:

— Calma, a senhora pode respirar. A tripulação do seu voo acabou de chegar ao aeroporto. Olha ali... — Ele apontou para um grupo de pessoas tranquilamente caminhando pelo saguão, e completou: — Eles estavam no mesmo trânsito que a senhora.

Eu chorava de emoção e grande alívio quando me sentei na poltrona do avião. Em um nível de exaustão extremo, olhei a programação de filmes e encontrei o documentário das gravações do álbum *Amazing Grace*, de Aretha Franklin, gravado na Bethel Baptist Church em Nova York. Uma joia rara e arrepiante para amantes dela e de jazz. Dei o play e assisti duas vezes em sequência, sem parar de chorar, até finalmente dormir, esperando acordar em paz no dia seguinte.

Para reduzir o risco de atraso, havia agendado um helicóptero em Nova York, visto a ocasião ser tão especial, mas, como se não bastasse, ele não pôde levantar voo, dadas as condições climáticas: cerração e neve na cidade.

Era um inferno que não tinha fim. Corri para pedir outro Uber, sentindo no peito a Bianca de 11 anos implorando para ser vista, para que eu a levasse comigo até o palco daquele IPO.

Às 7h45 eu estava no hotel, pronta para encontrar os demais participantes às 8h30, a fim de caminharmos em direção à Nasdaq e participarmos de um dos maiores IPOs da história brasileira realizados naquela Bolsa de Valores.

Ali estavam diversas facetas da Bianca, mas havia algo comum em todas elas: o esforço.

Desde que decidi que queria ser livre, morar sozinha e ter dinheiro não somente para sobreviver, mas para viver, tudo isso já era uma fase de planejamento dos meus sonhos. O que eu precisava era colocar em prática — e, acredite, essa é a parte mais difícil.

Bianca Juliano, durante a IPO da XP, assinando a bandeira do Brasil, que atualmente está emoldurada na recepção da empresa. O evento ocorreu em dezembro de 2019, na Bolsa da Nasdaq, Nova Iorque.

O mundo é cheio de sonhadores, mas poucas pessoas estão dispostas a colocar seus sonhos em ação e dar outro nome a eles: objetivos. Sonhos nada mais são do que objetivos alcançáveis — ou não.

POR QUE COM TANTO ESFORÇO?

Meu objetivo era chegar a Nova York para o IPO, e eu cheguei. Era conquistar minha liberdade financeira, e a conquistei. Era me tornar uma referência no mercado de investimentos, e me tornei. Era mudar a vida dos meus alunos, dando a eles a mesma liberdade que eu almejei a vida inteira, e eu mudei.

Este livro é uma concretização das minhas conquistas, porque, assim como compartilhei um dos momentos mais tensos e frustrantes da minha carreira com você (e pretendo compartilhar outros ao longo do livro), compartilho também *tudo* que me levou a onde estou hoje.

Você já parou para pensar em como a sua história de vida é relevante? Quando você não se conhece, não vê padrões e não se analisa, é muito mais difícil lidar com situações de frustração e entender seus próprios limites, mas tudo isso é extremamente importante para alcançar seu caminho da liberdade financeira, porque, não se engane, é uma jornada árdua e composta pelos seguintes elementos:

PLANEJAMENTO + ESFORÇO + ANÁLISE DE AÇÕES = SONHO/OBJETIVO REALIZADO

Desde pequena, eu ia para a casa dos meus avós no sítio. Vivia subindo em árvores, alimentando galinhas e correndo pelo mato. Eu mesma acendia o fogão à lenha às seis da manhã e colocava uma grande panela de pinhão na chapa para cozinhar lentamente. Até meus 9 anos, essa era a rotina dos meus fins de semana no sítio da minha avó ou na fazenda da família.

Ainda criança, adorava fingir chegar em casa com sacolas de mercado, carregando uma bolsa imensa, muito maior do que eu poderia levar, e uma pilha de livros no braço depois de um longo dia de trabalho e estudo. Minhas fantasias normalmente envolviam estar sozinha, em um ambiente só meu, confortável e satisfeita em ter trabalhado e dado meu melhor o dia inteiro. De certa maneira, já estava me preparando para o meu sonho enquanto brincava de faz de conta.

Mas sonhos existem para todos — alguns mais diferentes do que outros. O que levou a Bianca de 11 anos a se tornar a Bianca de 41 com uma carreira bem-sucedida e todos os sonhos realizados?

A resposta é simples: muito esforço. Mas esforço sem planejamento adequado e sem análise não é nada. Você pode até chegar a algum lugar, mas o que o impede de estar dedicando esforços errados ao trabalho errado, à relação errada, à carreira errada?

É nisso que eu quero ajudar você. Vamos canalizar seus esforços, suas capacidades e seu autoconhecimento para alcançar todo e qualquer objetivo que você tenha.

Se seu sonho é ir à Disney, ótimo. *O Mínimo Esforço* é para você. Se é acumular 1 milhão de reais ou viver de renda própria, o Método também é para você. Se é conseguir seu próprio apartamento, como também foi meu sonho por um tempo, o Método é — adivinha? — para você!

POR QUE COM TANTO ESFORÇO?

Comprometimento envolve entrega total, o que significa renunciar a prazeres imediatos, se empenhar, sacudir a poeira diversas vezes e se reerguer talvez apenas para começar de novo.

Em 2015, vivemos na xp um dos maiores desafios da empresa - superar o número de 1560 assessores de investimentos vinculados e credenciados à xp como nossos distribuidores.

Naquela ocasião, havia um grande desafio, porque não precisávamos apenas de pessoas trabalhando, precisávamos de pessoas que quisessem fazer parte da história da empresa. E toda relação leva tempo para ser construída.

Um dos diretores da xp, Gabriel, me convidou para tocar a área de processo de vinculação de novos assessores contratados, a fim de reduzir o tempo total do procedimento, que chegava a levar dois meses em muitos casos. Era agosto, e a meta era até dezembro.

Como alcançaríamos a meta necessária em apenas quatro meses?

Durante o mesmo período, eu cuidava do núcleo de start-up e, em paralelo, dessa estrutura de vinculação de assessores de investimentos.

De quase dois meses, os assessores passaram a ser liberados em um único dia.

O desafio era tão grande que esse diretor prometeu: se atingirmos a meta, eu pulo no chafariz do nosso prédio na Faria Lima. Loucura, não?

Conforme fazíamos a contagem regressiva dos assessores que vinculávamos à empresa, meu coração era tomado por um sentimento de trabalho cumprido.

Simplificar e pensar fora da caixa é justamente o que significa ser um profissional centrado.

Quando superamos a meta, a promessa foi cumprida pelo Gabriel: ele se jogou no chafariz. Parecia cena de filme. Comemoramos muito com a equipe, porque não se faz nada sozinho. Todo mundo comprou junto o desafio, Gabriela e eu ficávamos muitas vezes até duas horas da manhã para fazer este negócio acontecer. E esta virou uma das lendas da Faria Lima e do mercado financeiro.

Agora, em 2024, a XP tem mais de 14 mil assessores vinculados. Tudo isso começou com um desafio, uma promessa no chafariz e muita vontade de simplificar e agilizar o trabalho na empresa que me acolheu.

Ao longo de toda a minha carreira, me encontrei e cruzei com muitas pessoas que queriam se tornar sócios da XP e me perguntavam o que precisariam fazer para tal. Eu respondia:

— Pense e aja como um sócio, e em breve você se tornará um.

Eu costumo dizer que uma mente forte, calibrada com o mindset focado e certo, opera milagres — ou melhor, opera resultados!

Desenvolvi essa mentalidade antes mesmo de entrar no mercado financeiro e na XP Investimentos, que se tornou a maior corretora independente do Brasil.

Vamos entender um pouco melhor quem você é e qual é o seu perfil de vendedor. Vendedor, sim, porque todos nós precisamos ser vendedores:

de nós mesmos, dos nossos projetos e ideias, das nossas convicções, independentemente de trabalhar na área comercial ou não. Precisamos analisar quais são seus problemas e dúvidas que precisam ser sanados, para entendermos sua vocação e colocá-la em prática com o Método dos Esforços.

CAPÍTULO DOIS

OPORTUNIDADE EM TUDO

Q uando falamos sobre ser vendedor, é comum que as pessoas pensem no molde mais tradicional: alguém que tem um crachá, trabalhando em uma loja ou área comercial e vendendo certo produto ou serviço. Mas a verdade é que essa função poderia ser algo atribuído a todos nós, de alguma maneira, pois precisamos vender nossas qualidades a todo instante na vida. Saber vender é muito útil e funcional. Sem contar que a profissão em si é extremamente democrática, porque você aprende a técnica, pega o jeito e se vira. Você se aperfeiçoa com a prática;

não existe uma graduação que o prepare para vender.

Antes que eu sequer começasse a cursar Administração, já poderia me considerar uma vendedora, talvez até pelo exemplo que tive, como filha de um vendedor. Minha mãe estava respondendo a um questionário no portão de casa, e eu a observei pela janela, com meus 17 anos, querendo entender que profissão era aquela em que batiam de porta em porta fazendo questionários de pesquisa de mercado. Antes que a moça fosse embora, corri atrás dela e perguntei de pronto: "Como faço para trabalhar com isso?". Um dos meus primeiros trabalhos, que na verdade foi mais um freelancer, foi conseguido na cara e na coragem. Eu não tinha experiência. Só sabia que precisava de dinheiro, e cada questionário pagava de R$50 a R$150. Para quem já sonhava com a independência financeira, qualquer coisa valia. Aprendi na época que a melhor maneira de se profissionalizar é ir para o campo, pôr a mão na massa.

Em outra ocasião, enquanto aguardava o resultado dos vestibulares, fui para a praia no litoral do Rio Grande do Sul. Após um ano exaustivo de estudos, para dizer o mínimo, eu precisava de um óculos de sol. Estava finalmente prestes a colher o fruto do meu estudo árduo para passar em uma faculdade pública. Quando chegamos à loja de verão no shopping, observei na vitrine uma placa: "Precisa-se de vendedores". Antes que eu sequer comprasse os óculos, indaguei ao moço que estava trabalhando: "Como eu me candidato e quando posso começar?". E assim passei o verão, que poderia ser de férias e descanso, trabalhando para juntar dinheiro e experiência. Muitas vezes essa história me abriu portas quando estava fazendo entrevistas de trabalho em oportunidades futuras.

Perceba que o perfil de um vendedor em nada tem a ver com qual faculdade ele faz, quais cursos de especialização ele tem ou se ele apresenta desenvoltura em comunicação. Essas habilidades podem ser aprendidas. O verdadeiro vendedor é aquele que vê oportunidade em *tudo*.

Um dos meus primeiros estágios foi na Amcham (Câmara Americana de Comércio). Iniciei como *trainee* comercial e cheguei a ser coordenadora de mídia e eventos. Nesse ponto, comecei a desenvolver mais meu trabalho como vendedora. Na época, trabalhei com jovens talentos com diferentes perspectivas, que me auxiliaram a ver que meu trabalho poderia ser amplificado a fim de dar mais poder e ousadia para me jogar no mercado de trabalho. Essa experiência me deu mais autonomia para entrar na XP, onde, como agente autônoma, eu fazia prospecção de clientes por telefone. Para atraí-los, dava aulas e palestras. Hoje você está lendo meu livro. Por mais de 20 anos fui vendedora e tenho orgulho disso. Continuo sendo vendedora hoje, mas de diferentes formas.

Vendo meu livro para você, enquanto você lê, e vendo a carreira de vendedor também, assim como já vendi cursos, palestras e investimentos para pessoas físicas. Não há somente uma forma de oferecer seu produto ou serviço.

Psicólogos são vendedores, porque precisam oferecer seus serviços para pacientes (ou clientes, como alguns preferem chamar) e fidelizá-los.

Isso significa abordá-lo inicialmente, para gerar prospecção, torná-lo seu cliente e mantê-lo a longo prazo.

Editores são vendedores, já que precisam convencer os autores a serem publicados em sua editora e mostrar a eles por que é um bom investimento lançar um livro. Eles precisam vender suas apostas para o departamento comercial e convencer o leitor de que aquele livro deve ser lido.

Professores são vendedores, porque precisam convencer alunos de que eles têm uma dor a ser sanada e de que somente por meio das aulas terão o resultado desejado.

Perceba como *qualquer* profissão precisa de clientes, porque todo trabalho é voltado para sanar um problema na sociedade, quer em menor, quer em maior grau. E, se há abertura para captar clientes, é claramente essencial *vender* seu peixe.

E o que caracteriza um bom vendedor? Como aprimorar suas qualidades de venda? Antes de tudo, vamos entender a parte racional do que caracteriza um vendedor, então passaremos às práticas e ferramentas que auxiliam a desenvolver a área de vendas.

Como já mencionei, o bom vendedor é aquele que vê oportunidade em tudo: ele agarra as chances de se vender como solucionador de problemas, se expõe e dá a cara a tapa. É necessário sair da zona de conforto e se colocar de forma proativa à frente, para ser lembrado e visto. O bom vendedor é aquele que consegue conectar situações, oportunidades e pessoas; ele consegue resolver problemas e se desenrolar. Quem vende, soluciona uma demanda ou problema, então o objetivo é resolver pepinos, não criar outros sem solução.

Eduardo Ferraz, renomado palestrante em gestão de pessoas, desenvolveu, em seu livro *Gente que convence*,[2] perfis de convencimento que são inerentes à postura de vendedores.

A fim de ajudá-lo na sua jornada de autoconhecimento na área de vendas, analise cada perfil e reflita com calma: 1) Com qual perfil de convencimento você mais se identifica?; 2) Com qual você menos se identifica; e 3) Com qual você mais gostaria de se identificar?

Dessa maneira, você não somente trabalha seu autoconhecimento, que é essencial para desenvolver habilidades de venda, mas dá o primeiro passo para O *Mínimo Esforço*: reconhecer seu objetivo final e, a partir daí, traçar um plano até ele.

SOLITÁRIO/INDEPENDENTE

Esse perfil de convencimento pode parecer negativo, mas a verdade é que todos têm áreas de aprimoramento que funcionam com um plano de execução. Se você se encaixa no perfil solitário, então só precisa aprender a tirar o melhor disso. Não há apenas um tipo de vendedor. Compreender isso é um passo a mais para se tornar o vendedor que você tem a capacidade de ser.

Algumas características do perfil solitário/independente são:

---

2 FERRAZ, E. *Gente que convence*: Como potencializar seus talentos, ideias, serviços e produtos. São Paulo: Planeta, 2017. 240p.

Pontos fortes: não compete por atenção; tem foco e concentração; não perde tempo com fofoca e politicagem; não precisa de cobrança para fazer o trabalho.

Pontos a desenvolver: pode parecer uma pessoa apagada, sem energia, fria e antissocial.

No que funciona melhor: trabalhos em que os resultados importam mais que os relacionamentos; situações em que depende muito de si e menos dos outros; *home office*; trabalhos por projetos, com início meio e fim entregáveis; ambientes silenciosos.

Como convencer: deixe claro que você é uma pessoa que fala pouco, mas faz muito, que trabalha com foco em resultados. Destaque que você precisa de pouca supervisão e assistência; que você trará em etapas combinadas as entregas, para coleta de feedbacks. Demonstre que você é uma pessoa discreta e confiável.

Proponha objetivos e metas, combinados com prazos e entregues conforme combinado.

Proponha períodos de experiência e desafios para você provar a sua entrega, como pilotos e testes, a fim de comprovar que você é capaz. Amarre as condições que você busca, em caso de atingimento. Pegue a confirmação de seu líder e joguem juntos esse jogo. Mostre que, se você ganhar, ele também estará ganhando!

RESOLVEDOR/ESTUDIOSO

O resolvedor é aquele disposto a enfrentar qualquer desafio; é uma pessoa mais analítica e tem foco intenso. Faz pesquisas aprofundadas antes de tomar qualquer decisão. Normalmente são pessoas perfeccionistas, o que pode ser um lado negativo. Confira mais características desse perfil de convencimento:

Pontos fortes: não tem medo de novos desafios; é focado em organizar metodologias que todos possam seguir; é resiliente.

Pontos a desenvolver: pode ser lento e exigir perfeição, e isso tende a atrasar as entregas; autocrítico; pode ter dificuldade para lidar com pessoas desorganizadas.

No que funciona melhor: trabalhos em que os resultados possam ser medidos no longo prazo. Situações em que tenha tempo para pesquisar, estudar e criar soluções, com ambientes nos quais a disciplina esteja presente. Locais em que seu estilo estudioso seja valorizado.

Como convencer: deixe claro que você é focado na solução de desafios; assim, estudará soluções. Criará ou encontrará métodos para a solução e para deixar um legado. Destaque que você aprende com facilidade e tem proatividade para a busca da solução. Demonstre que você tem clareza sobre o problema a ser resolvido; mostre qual será seu plano de ação para a solução, ou como você o construirá; combine prazos e entregas; traga exemplos de situações que você já resolveu antes: lance o desafio e combine o que acontecerá após o desafio ser atingido!

DESAFIADOR/SUPERSINCERO

Esse perfil não se refere a quem prefere ser bonzinho em vez de ter o trabalho feito da melhor maneira. Atenção: isso não significa exatamente arrogância, mas é uma pessoa com tanto foco, que pode acabar pendendo para a arrogância.

Pontos fortes: focado em resultados rápidos; é agente de mudança; proativo; aponta falhas com clareza; objetivo; líder nato.

Pontos a desenvolver: pode ser agressivo, arrogante e gerar medo; pode lhe faltar a paciência para lidar com o tempo dos outros.

Onde funciona melhor: trabalhos em que os resultados precisam ser rápidos, situações em que possa realizar mudanças, nas quais a franqueza seja valorizada, com ritmo acelerado e com metas arrojadas.

Como convencer: mostre resultados históricos ou planos para obter resultados futuros. Mostre que você mede e conecta esforços e fins. Mostre que você identifica de forma ágil onde está o ponto falho. Você tem um estilo "quick win" – demonstre o valor disso para os projetos e para a companhia. Seu ritmo e energia trarão os resultados o mais rápido possível. Mostre que você tem habilidade para treinar e deixar um legado; apresente um plano estruturado de curto prazo e explique como isso se refletirá no longo prazo; combine prazos e entregas; traga, de forma objetiva e clara, exemplos de resultados que você já obteve antes; você pode ser flexível: sugira resolver rápido um primeiro problema, como um test-drive ou piloto; combine aonde você quer levar o projeto e, diante disso, chegando lá, avalie qual seria o reconhecimento.

CARISMÁTICO/CRIATIVO

Pessoas que se encaixam nesse perfil normalmente são aquelas que associamos a vendedores. Elas falam com qualquer pessoa, até com as paredes! Obviamente, essa é uma habilidade valorizada na área e pode facilitar a vida de quem trabalha diretamente com atendimento ao público.

Pontos fortes: criatividade; facilidade de relacionamento; jogo de cintura; bom humor; atenção ao outro e ao contexto; adaptabilidade; simpatia e comunicação.

Pontos a desenvolver: pode ser exagerado; muito otimista; passa uma imagem de imaturidade; dá mais valor a relacionamentos do que a resultados.

No que funciona melhor: trabalhos em que os resultados podem ser obtidos mediante bons relacionamentos e nos quais ele possa ser o centro das atenções; onde o bom humor é valorizado, com horários flexíveis e funções que estimulem a criatividade.

Como convencer: mostre que você é uma pessoa agregadora, que traz consigo uma ótima rede de relacionamentos. Reforce que você gosta de trabalhar em equipe e que trabalha bem assim; destaque seu bom humor, mas com foco no resultado e atingimento de metas; reforce que você tem foco em resultados e metas; mostre planos concretos para isso; mencione a sua rede de relacionamento como proposta de valor ao atingimento de resultados e mencione que você está disposto a acioná-la; ressalte seu perfil excelente para lidar com clientes, relacionamentos, atendimentos; lembre-se de envolver e citar os clientes nos planos.

MÃO NA MASSA/TRABALHADOR

Quem tem o perfil de pôr a mão na massa costuma aprender na prática, e a teoria vem depois. É o perfil resiliente, com mais predisposição para enfrentar certos desafios.

Pontos fortes: trabalho duro; ótima referência e exemplo pessoal para o time; comprometido; reclama pouco; perfil de praticidade e proatividade.

Pontos a desenvolver: pode parecer desinformado e passar a imagem de que é bom apenas para trabalhos operacionais; pode ser explorado e negligenciar a vida pessoal.

No que funciona melhor: quando o trabalho árduo é reconhecido e valorizado; quando pode fazer muito e "mandar" pouco; em funções com pouca teoria; em trabalhos nos quais não precise falar muito.

Como convencer: mostre que você é trabalhador, que entrega o combinado, tendo alto nível de disponibilidade e comprometimento. Mostre seu senso colaborativo; demonstre que "não tem tempo ruim" para você; apresente histórias desafiadoras de situações extremas nas quais você se saiu bem; combine prazos e entregas; mostre comprometimento; ressalte suas habilidades de planejamento estratégico, tático e operacional estruturado, projetando o

> resultado. Não fique apenas no operacional, na construção do plano – surpreenda aqui!

Nos meus treinamentos, faço questão de destacar os pontos importantes do perfil do vendedor, porque o autoconhecimento leva à autogestão, e um bom vendedor conhece seus pontos fortes, para explorá-los, e seus pontos fracos, para aprimorá-los.

É nesse ponto que entram as técnicas de negociação para auxiliar qualquer vendedor a se colocar como um profissional capacitado e pronto para o cliente.

WIN-WIN

Em português, "ganha-ganha". Essa é uma relação em que ambas as partes na negociação saem ganhando. Como vendedor, seu objetivo é sanar a dor do cliente *e* conquistar o seu próprio lucro.

Algumas dicas (baseadas no livro *Conversando se Entende*, das autoras: Carina Abud Alvarenga e Cinthya Soares Okawa) para uma negociação de ganho para ambas as partes:

> **Separar as pessoas dos problemas**
> - Evite fazer pré-julgamentos ou rotular as pessoas do outro lado da mesa
> - Tenha postura colaborativa

- Coloque-se no lugar do outro
- Busque uma solução para ambos
- Tome decisões que não sejam unilaterais
- Distancie-se da *forma como algo está sendo dito* e busque por *que está sendo dito*
- Pratique a ideia de satisfazer um pouco todos envolvidos, em vez de satisfazer muito um único envolvido

Identificar as necessidades do outro lado da mesa

- Não tente adivinhar a necessidade do cliente. Pergunte!
- Seja curioso.
- Compreenda a situação de negociação: Há alguém em vantagem ou desvantagem?
- Entenda o que é mais importante para você na situação: Qual é o seu principal objetivo com a negociação?
- **Pergunte:** Por que a necessidade do cliente é importante?
- **Indague:** Por que essa negociação importa para você?
- **Reflita:** Qual seria um bom desfecho para essa negociação?
- **Analise:** Quais obstáculos você deverá enfrentar para chegar lá?

Em uma negociação, não adianta chegar à mesa com o nariz empinado e pronto apenas para ouvir *sim* ou *não* e ir embora. Um bom vendedor é maleável: ele sabe negociar, mas tem claros seus limites. Não desvalorize sua profissão e seu perfil de convencimento. Use suas melhores ferramentas para auxiliar uma negociação bem-sucedida.

SPIN-SELL

A técnica *spin-sell* é usada para vendas complexas, quando o cliente não está pronto para comprar. Ele ainda não entende a dor e a necessidade de tratar essa dor. A principal motivação para a venda aqui é medo ou desejo. Esse tipo de motivação foi analisado durante mais de 12 anos de pesquisa e acompanhamento de atividades de profissionais comerciais, conduzidos por Neil Rackham, autor do livro em que ele registra o tema, *Spin Selling*: construindo relacionamentos de alto valor para seus clientes.[3]

A base da teoria é a qualidade das perguntas que você faz ao seu cliente, que eventualmente o levarão a entender que o seu produto ou serviço é o melhor. SPIN é o acrônimo para as 4 fases das perguntas: Situação, Problema, Implicação, Necessidade.

As perguntas de situação são normalmente o senso comum da maioria dos vendedores. É quando se sonda basicamente o contexto do cliente. Você já deve ter sido abordado no meio da rua por alguém fazendo várias perguntas porque queria vender um produto. Mas é fácil perder a paciência, porque você *não quer* aquele produto. Por isso, limite, não exagere em perguntas de situação. Questione o essencial e faça uma pesquisa

---

[3] RACKHAM, N. Alcançando a excelência em vendas. *Spin Selling:* construindo relacionamentos de alto valor para seus clientes. Rio de Janeiro: Alta Books, 2023. 204p.

antes da reunião/conversa. Ideal que sejam perguntas abertas que façam o *prospect* falar livremente sobre seu contexto. Exemplo, um assessor de investimentos pode perguntar para seu *prospect*, como estão seus investimentos e sua carteira, de forma aberta e ouvir o que virá, atentamente. Um corretor de imóveis pode perguntar a um cliente como tem sido a busca dele pelo imóvel. As perguntas de problema são aquelas que identificam as dores desse cliente. Por exemplo: o assessor de investimentos do qual temos falado poderia perguntar a um potencial cliente como está a satisfação dele em relação aos rendimentos. Ou questionar as expectativas dele quanto à carteira, indagando se estas têm sido atendidas. A carteira vem superando a inflação? Como está indo? Agora imagine que o cliente pode dizer que não está satisfeito - - essa é uma possível dor. O cliente pode, ainda, não saber quanto sua carteira está rendendo, não acompanhar essa carteira ou não a entender bem. Todas essas são possíveis dores que podem e devem ser usadas nas perguntas de implicação que vêm a seguir.

As perguntas de implicação cujo objetivo é agravar a situação, mostra que algo que pode ser resolvível, mas caso não seja, acarretará consequências prejudiciais mais adiante. A intenção é gerar um salto para o futuro, onde se possa perceber o impacto de não solução do atual problema. Por exemplo, seguindo com o assessor de investimentos e seu cliente: como você imagina que uma carteira que não esteja vencendo a inflação impactaria seus planos futuros, sua qualidade de vida na aposentadoria? Seu objetivo é fazer a pessoa, via perguntas, dar-se conta de que ela precisa de uma solução. E então, por fim, as perguntas de necessidade de solução: Você acha importante ter caminhos para que sua carteira renda mais que a inflação? Ou, você acharia interessante saber mais sobre a rentabilidade da sua carteira e buscar garantir que ela renda acima da inflação? Com a resposta positiva da pessoa, você surge com uma proposta, que pode ser personalizada ou não. "Vou então estudar sua atual carteira, a atual performance e verificar se consigo trazer uma proposta, dentro do seu perfil de investidor, compatível com rentabilidade acima da inflação." A essa altura, você repassa todo o processo com o cliente: "Vamos ver se entendi bem toda nossa conversa, você hoje está com uma carteira de investimentos e não possui a certeza de que ela esteja rendendo mais do que a inflação, ou seja, se está, de fato crescendo e rendendo frutos reais para seu futuro e qualidade de vida de financeira, certo? Entende que é importante a carteira render mais do que a inflação para não gerar prejuízo a seus planos futuros, correto? E gostaria que encontrássemos um caminho com rentabilidade superior à inflação para conforto no seu longo prazo, certo? Vou olhar com atenção todos os detalhes e ver se consigo encontrar uma boa alternativa que atenda a esta necessidade. Retorno em 2 dias".

Entenda que vender seu produto não diz respeito a minar a concorrência, mas a fazer o cliente entender que *você* tem a solução necessária para sanar a dor referente ao problema, agora consciente, dele. Muitas vezes a concorrência não fará esse levantamento de situações, problemas e impactos. Esse é seu diferencial.

No final, mostre ao cliente que ele não está só e que você pode, provavelmente, ajudá-lo a resolver o problema. Após uma conversa mais densa de sondagem, convide o cliente para a próxima etapa de contato mais direto com você, visando uma análise mais profunda e personalizada.

Durante a negociação, alguns erros comuns podem atrapalhar. Veja o esquema a seguir.

PRINCIPAIS ERROS NA ABORDAGEM COMERCIAL

- Pensar em si, apenas, e não no todo ou no outro
- Deixar o ego ser soberano
- Não fazer gestão emocional
- Não usar fatos e dados (planejamento e qualificação)
- Não acompanhar e reportar a evolução do plano aos interessados
- Não planejar negociação, com base no problema / diagnóstico
- Não fazer diagnóstico / sondagem da situação / problema
- Não ter visão de contexto

Para prevenir que erros evitáveis ocorram, o autoconhecimento é importante. Boa parte dos apontamentos envolve questões pessoais do próprio negociador, se ele não se coloca no lugar do outro e não conhece seus próprios pontos fortes e fracos.

OPORTUNIDADE EM TUDO

Para suas próximas negociações, você encontrará a seguir *frameworks* que o auxiliarão a montar qualquer mesa de negócios. Atente às perguntas e faça simulações — é uma maneira de treinar tanto como vendedor quanto como cliente. Planejar a negociação é a chave para participar dela sem medo.

Planeje sua próxima negociação. Responda:

1. Qual é a sua oferta? Produto, serviço, solução, projeto:

2. Qual o perfil do cliente? (Quem você quer convencer?):

Sondagem SPIN:

1. Situação: que perguntas você pode fazer para investigar a situação de forma geral da pessoa a ser convencida?

a)

b)

c)

2. Problema: que perguntas você pode realizar para investigar se a pessoa tem algum problema, dificuldade, preocupação?

a)

b) _____

c) _____

3. Implicação: que perguntas você pode realizar para fazer com que a pessoa reflita sobre as consequências do problema?

a) _____

b) _____

c) _____

4. Necessidade de Solução: que perguntas você pode realizar para evidenciar o que precisa ser resolvido e como você vai resolver?

a) _____

b) _____

c) _____

Possíveis objeções?	Contraobjeções?

Dores / Preocupações	**O que posso propor?**

Quais os benefícios do que proponho?	**Como esse benefício pode ajudar / resolver a dor**

GÊNIO POSITIVO

O livro *Por trás da felicidade*,[4] do pesquisador Shawn Achor, traz à luz a origem da felicidade e do sucesso, diferentemente de *O jeito Harvard de ser feliz*,[5] do mesmo autor, que foca um pouco mais as consequências de ter um cérebro feliz e as vantagens que isso traz ao ambiente de trabalho.

---

4 ACHOR, S. *Por trás da felicidade*. São José dos Campos: Benvirá, 2020. 256p.
5 ACHOR, S. *O jeito Harvard de ser feliz*. São José dos Campos: Benvirá, 2023. 216p.

Se a ideia é a origem da felicidade, a abordagem inicial é a de que, para chegar à felicidade, é necessário acreditar que é possível mudar uma realidade, as lentes com que se vê o mundo. Uma realidade positiva, que nos permita acreditar que é possível alcançar felicidade e sucesso, é o começo de tudo. Independentemente do contexto de criação e de vida, Shawn traz a ideia de que você pode mobilizar seus recursos cognitivos, intelectuais e emocionais para criar uma mudança positiva, porque acredita na possibilidade de uma verdadeira mudança.

A capacidade de criar repetidamente esse tipo de realidade é chamada de *gênio positivo*. Como se constatou, esse é o mais importante precursor do sucesso, do bom desempenho e da felicidade.

Durante toda a minha vida, exerci o gênio positivo sem sequer saber que havia uma nomenclatura para meu estilo. Quando trabalhei naquela loja de óculos de sol durante o verão, vi ali meu futuro. Eu trabalhava cansada, mas sorrindo e persistindo, porque sabia que, para chegar ao lugar que eu gostaria, sendo uma executiva bem-sucedida, eu precisaria aguentar alguns clientes difíceis e dias mais complicados que outros.

O gênio positivo não consiste em ser alienado ao mundo ao seu redor; refere-se a entender que, *apesar* da sua realidade, independentemente de qual seja, há coisas que você pode fazer para mudar o contexto, e isso muitas vezes pode ser afinar o seu ponto de vista — ou seja, como você analisa a si mesmo — é o que define suas ações.

Algumas alternativas para desenvolver o gênio positivo são:

ESTRATÉGIA 1: RECONHEÇA A EXISTÊNCIA DE REALIDADES ALTERNATIVAS

Exemplo: repensando o estresse. O estresse pode contribuir para o bem-estar psicológico ao afetar positivamente os processos biológicos envolvidos na recuperação física e na imunidade.

Constatou-se que, em alguns casos, o estresse e as adversidades facilitam o desenvolvimento da resistência mental, a formação de vínculos sociais mais profundos, o fortalecimento das prioridades e a noção do que é significativo, um fenômeno chamado de *crescimento pós-traumático*.

Médicos da Universidade de Stanford descobriram que, como o estresse provoca liberação de hormônios de crescimento, que ajudam a reconstruir células, sintetizar proteínas e aumentar a imunidade, uma pessoa que passa por uma resposta ao estresse antes de uma cirurgia no joelho se recupera em menor tempo.

A lição a ser aprendida é: pare de combater o estresse. O estresse é uma resposta do tipo "lutar ou fugir" e você só piora a situação quando foge do estresse. Quando se vir estressado, reconheça que o estresse pode melhorar sua produtividade e seu desempenho.

Depois, pense no significado por trás do seu estresse. É fácil fazer isso, já que você não vai ficar estressado com algo que não faz sentido para você. Eu constantemente me via estressada porque trabalhava até 3 horas da manhã, mas sabia que aquilo servia para atingir a minha liberdade financeira aos 40 anos. Quando vinculamos o significado da atividade, nosso cérebro se revela.

Se você está estressado por causa de uma entrevista de trabalho, concentre-se em suas chances de avançar profissionalmente; se estiver estressado por causa de uma apresentação que precisa fazer em uma empresa, pense em como seu envolvimento com esse trabalho está fazendo a diferença. Pense na visibilidade que essa oportunidade lhe dá de ficar em evidência e seguir crescendo profissionalmente.

Existem diferentes maneiras de enxergar os efeitos do estresse, e sua visão a respeito disso pode determinar a resposta que você manifestará.

ESTRATÉGIA 2: INCLUA PONTOS DE VISTA VANTAJOSOS

A perspectiva está nos detalhes e a capacidade de identificá-los e reuni-los tem um valor enorme em qualquer profissão ou área de atuação.

Faça o exercício simples que trago a seguir para ajudar a incluir pontos de vista vantajosos na sua vida profissional.

O QUE VOCÊ ACHA DO SEU TRABALHO NESTE MOMENTO?

Anote sua resposta em um papel. Agora pense sobre o que acabou de escrever.

Muitas vezes eu analisava o que estava achando do meu trabalho e como me via dali para frente. Algumas pessoas se colocam em situações miseráveis (não difíceis, entenda, porque por dificuldades e tempos complicados todos passamos) porque acham que devem fazer isso, sendo essa sua única solução. Pessoas conhecidas já me abordaram, aos prantos, porque achavam que deveriam permanecer em seus trabalhos, senão estariam falhando.

Não é assim que a banda toca. Passar por dificuldades é diferente de estar miserável. É preciso entender que aquele não é um trabalho para você. Essa análise ajuda nessa compressão.

Versão 1 da realidade

A sua versão da realidade deixou faltar alguns detalhes importantes?

Se você mencionou ambiente de trabalho volátil, será que também mencionou oportunidade de promoção? Se disse que sofre uma carga de trabalho grande demais, será que também mencionou sua responsabilidade no trabalho? Você mencionou altos níveis de estresse, mas mencionou também sua rede de apoio e seu bom relacionamento com os colegas?[6]

Versão 2 da realidade

Usando apenas afirmações verdadeiras, descreva agora a mesma situação no trabalho, mas de outra perspectiva.

---

6   ACHOR, S. *Por trás da felicidade: aprenda a enxergar uma realidade posisitividade e seja mais feliz e bem-sucedida.* São José dos Campos: Benvirá, 2020.

> ### Versão 3 da realidade
>
> Por fim, escreva uma terceira versão da sua vida no trabalho, mas que não inclua nenhum dos detalhes que você mencionou nas duas primeiras realidades. Não vai ser fácil e você vai ter que forçar um pouco o cérebro, mas não desista. Essa lista trará a chance de ajudar outras pessoas.

Mudar padrões também ajuda a enxergar detalhes no seu mundo que talvez você não tenha percebido antes. Vá para o trabalho por um caminho diferente ou faça questão de conversar todo dia com uma pessoa com a qual normalmente não conversaria. Você pode até tentar almoçar em um restaurante diferente, reunir-se com um cliente desafiador ou marcar uma reunião com alguém que optou por não comprar o seu produto. Quanto mais você se desviar dos seus padrões, mais fácil será encontrar novos pontos de vista vantajosos.

Todos os pontos de atenção levantados neste capítulo estão focados em desenvolver seu perfil como vendedor e entender sua realidade. A partir disso, pode-se aprimorar seu autoconhecimento e transformar sua autogestão com ferramentas que o tornarão um vendedor mais completo e pronto para qualquer cliente e contexto no qual esteja inserido.

Eu comecei a exercer meu trabalho como vendedora muito antes de efetivamente *ser* vendedora. Desde quando eu me empenhava para trabalhar em situações que boa parte das pessoas recusaria ("Eu? Sair abordando pessoas na rua e perguntando se elas podem responder a uma pesquisa? Eu fui destinada a ser *grande!*". Calma lá, não é?) até estar inserida no meu trabalho dos sonhos, eu entendia que autogestão, comunicação e gênio positivo me levariam para mais perto do ideal da minha profissão.

Lembre-se dos perfis de convencimento: solitário/independente, resolvedor/estudioso, desafiador/supersincero, carismático/criativo e mão na massa/trabalhador. Tenha em mente que cada um desses perfis pode ser aprimorado em mesas de negociação com técnicas como *Win-Win*, em que ambos os lados da mesa saem ganhando, ou como *Spin-Sell*, quando você ajuda o cliente a perceber que ele tem uma necessidade ou dor a ser sanada antes mesmo que ele perceba isso. Por fim, para manter a constância da autogestão, o gênio positivo de Shawn Achor é um grande apoio para entender como adaptar sua realidade a uma mentalidade mais positiva, que gera uma gana maior por vender e por oferecer seu serviço.

Após analisar o seu autoconhecimento profissional, outro passo determinante para se desenvolver como vendedor é conhecer o seu propósito, porque ele é que sustentará seus momentos mais difíceis e guiará suas tomadas de decisão no seu trabalho — e na sua vida pessoal.

CAPÍTULO TRÊS

PRÉ-MÉTODO: ACHAR UM PROPÓSITO

A descoberta do meu propósito começou diante de um júri. Eu estava sentada no banco, encarando defesas e acusações e pensando: "Eu com certeza não deveria estar aqui". Era uma simulação de júri em uma feira de profissões. Não havia qualquer peso jurídico real ali, mas, para mim, parecia um tribunal de verdade, no qual eu teria que bater o martelo para decidir se o curso que eu passei a vida inteira almejando, Direito, seria de fato meu futuro ou não.

Se num bate-papo informal eu perguntar "Qual é o seu propósito? Qual é a sua missão?", talvez você congele por minutos, se engasgue, dê aquela desconversada e depois vá para casa refletindo, até um pouco frustrado por não ter a resposta prontamente. Você concorda com o fato de que essa pergunta tem um peso grande, até meio esmagador?

Enquanto eu participava da simulação do júri, apossava-se de mim uma convicção clara de que meu lugar não era ali. Meu propósito (no caso, a profissão que eu escolhi) estava ruindo diante dos meus olhos.

O peso daquilo era imenso. Eu me vi encurralada, sem rumo. E agora, estava prestes a fazer o vestibular e com um futuro imenso pela frente, sem qualquer perspectiva de qual era o meu grande "porquê", o meu motivo para me esforçar todos os dias.

O meu objetivo neste capítulo é simplificar a procura do que está aí dentro de você, o seu sentido maior, seu sonho, propósito — chame-o como quiser! Naquela época eu não sabia que havia uma maneira de quebrar em pequenos pedaços diversos sonhos, o que os torna possíveis e realizáveis.

Pense comigo: se eu trocasse a pergunta lá da simulação do júri — "Qual meu propósito?" — por esta outra: "Qual *abacaxi* eu preciso descascar agora?", seria muito mais fácil entender que a busca pelo meu sonho envolve resolução de problemas e etapas a cumprir, e não algo imaterial e distante da minha realidade.

PRÉ-MÉTODO: ACHAR UM PROPÓSITO

Se eu percebi que não nasci para o Direito e agora estava sem rumo, poderia ter pensado, em vez de me desesperar e de sentir que estava sem um lugar para onde correr: "Entendi que não nasci para o Direito, mas alguma coisa me fez escolher isso aqui. Preciso voltar atrás e avaliar tudo de novo. O que pode ser descartado e o que pode ser aproveitado da minha decisão de carreira até agora?".

Ainda que não houvesse externalizado essa pergunta, minha reação confirmou o entendimento de que ser advogada não daria certo, mas os vestibulares estavam chegando e eu precisava de um trabalho. Então peguei o caderno de classificados da Zero Hora, um jornal de Porto Alegre que meus pais sempre tinham em casa aos domingos, e passei um bom tempo analisando quais vagas de trabalho eram anunciadas, quais pagavam melhor, o que proporcionava mais oportunidades de mercado e do que eu gostava.

Enquanto eu ponderava cada possibilidade, notei que havia muitas vagas para administração. Era um curso que combinava com quem eu era, com quem eu gostaria de ser e com o que eu gostava de fazer.

Naquela época, sempre me via como uma grande executiva, usando terninhos e pastas de couro para ir ao trabalho. Até o momento, isso era bem compatível com o trabalho de advogada. Eu me interessei pelo mundo corporativo muito antes de saber o que significava trabalhar nele. Nunca quis ser médica, por exemplo. Meu ideal sempre foi trabalhar com estruturas, corporações e formalidades. Além de ser parte da minha personalidade, isso é fruto de ter frequentado uma escola alemã bem rígida. Usávamos uniforme, nossos horários eram restritos e tínhamos regras de comportamento. Para alguns era difícil, mas eu adorava. Achava muito prático não precisar perder tempo às seis da manhã escolhendo a roupa, por exemplo.

Atente ao fato de que, apesar de não nomear exatamente cada etapa, o que fiz foi escolher um propósito a partir de quem eu sou, de como me imaginava, do meu autoconhecimento. Ali, percebi que eu havia entendido melhor quem eu era, então se tornou mais fácil decidir para onde caminhar.

Passei no curso e na faculdade que eu queria: Administração na Universidade Federal do Rio Grande do Sul (UFRGS). Depois de alguns anos comecei a trabalhar na XP Investimentos como assessora. Fazia ligações, captava clientes para a empresa e eles faziam investimentos. Eu estava sanando um grande problema que as pessoas tinham: cuidar bem dos próprios investimentos em longo prazo e se preparar para o futuro.

Esse se tornou, de certa maneira, o meu propósito. Ou o meu abacaxi a ser descascado. Eu enxergava um problema no mundo e me sentia motivada a resolvê-lo — naquele momento ainda em pequena escala: dar liberdade às pessoas por meio da oferta de conhecimento financeiro e de rentáveis alternativas de investimento.

Você já percebeu aqui que "abacaxi" nada mais é que um problema que requer solução. Problemas para resolver é o que mais há no mundo.

E é justamente a existência dos problemas que nos faz valorizar e apreciar os períodos raros em que eles não estão presentes. Assim como a existência deles faz com que os que se dispõem a resolvê-los prosperem em uma visão de negócios.

Basta escolher aquele abacaxi que você vai chamar de seu, porque resolvê-lo dá gás à sua vida. Quanto mais conhecer seu abacaxi, mais fácil será a resolução dele e mais legado você poderá deixar por onde passar.

Aprendi com Robert Wong, um grande palestrante e *headhunter*, o valor e o sentido da palavra *vocação*. "Vocação" vem do latim *vocare*, que significa "chamar". É uma inclinação, um "chamado", uma tendência ou habilidade que leva o indivíduo a exercer, naturalmente, determinada profissão.

Quando decidi, naquele júri, que não seria advogada, e por isso me desesperei, não parei para pensar que minha vocação não era apenas uma profissão, e sim parte do meu chamado, da minha habilidade em agir e enxergar o mundo de certa maneira.

Sendo eu uma mulher que gostava do mundo corporativo, que se interessava por organização e por trabalhar no mundo dos negócios, não havia apenas o Direito para mim. Eu só precisava redirecionar as minhas habilidades para descascar um novo abacaxi.

Desde que passei a dar palestras, vi jovens e idosos se questionarem a respeito de seus propósitos. Vemos pessoas de 50 anos perdidas no meio do próprio caminho enquanto dizem que não encontraram seu propósito, mas a provocação que instigo aqui é: Será mesmo que você não encontrou seu propósito e sua vocação? Quantos problemas você já resolveu na vida? Quantos leões você mata no dia a dia? Quantos abacaxis você descasca a toda hora com suas ferramentas pessoais?

Não pretendo que essa seja uma pergunta sem resposta, por isso estudaremos melhor como achar seu Sonho Grande, que já existe dentro de você. Contudo, é provável que ele tenha passado em branco até agora.

Para decidirmos nosso propósito, nosso Sonho Grande, nossa vocação, devemos nos fazer algumas perguntas, porque elas nos ajudam a entender quem somos e o que podemos agregar ao mundo (e a nós mesmos) através da nossa vocação.

O QUE VOCÊ AMA FAZER?

Depois que fiquei sem saída ao decidir que não faria Direito e fui atrás dos classificados de profissões, procurava neles especialmente aquilo de que eu gostava. Não adiantaria me tornar uma médica se eu sabia que não gostava daquilo e não tinha os requisitos necessários para aquela profissão — como amar a parte de cirurgia, de pesquisa, de biologia etc. Mas eu sabia que a visão do mundo corporativo me atraía — e muito. Eu adorava me ver como uma mulher de negócios.

Para ajudar você a entender o que você ama, faça essas perguntas e anote a resposta de cada uma delas:

PRÉ-MÉTODO: ACHAR UM PROPÓSITO

- O que eu amo fazer?
- Olhando para trás na minha vida, quais são as atividades que sempre me atraíram mais? Talvez trabalhar com números, com pessoas, com desenhos etc.?
- O que eu amo fazer é prático e aplicável para mim? Por exemplo, não adianta alguém querer ser um astronauta enquanto tem claustrofobia.

O QUE VOCÊ É BOM EM FAZER?

No que você é bom? Após entrar na xp, eu entendi que amava trazer liberdade financeira para meus clientes. Olhar para o rosto deles e ouvir o feedback de que os ajudei a alcançar o que eles sempre imaginaram ser impossível não tinha preço. E eu comecei a me questionar: Por que os clientes confiavam tanto em mim?

Para além do meu amor pela minha profissão, eu entendi que passava uma imagem de confiança para as pessoas, porque eu abria o jogo e as deixava confortáveis em aprender, já que eu queria ensinar. Eu dava a elas poder sobre a própria vida! Conforme fui praticando, me tornei boa de verdade em dar aulas, apesar do pavor inicial de falar em público. Para entender no que é bom, você pode fazer algumas perguntas a si mesmo:

As pessoas ao meu redor pedem minha ajuda para algumas situações em que eu tenho reconhecimento? Por exemplo, numa roda de amigos você é a pessoa que sempre liga para pedir a pizza, por ser mais extrovertido? Ou prático e agilizado? Você é reconhecido por trabalhos manuais? Tem facilidade em ensinar ou em trabalhar com dados matemáticos?

O que eu faço com facilidade e rapidez, mesmo com pouco estudo? No meu caso, eu sempre tive facilidade em enxergar minhas atividades do dia a dia em pequenas ações, porque eu era naturalmente boa em organizar e estruturar minha vida e meus objetivos. Normalmente vejo o mundo em processos (o que devo fazer para chegar a tal lugar, com quem preciso falar, como resolver um problema etc.) e desenvolvi, com o passar dos anos, minha capacidade de associação, o que me torna uma pessoa analítica com visão sistêmica. Ao lidar com pessoas, esse é um comportamento extremamente positivo, porque somos formados por associações, ações e consequências. Não somos criaturas planas, e sim cheias de peculiaridades. No meu trabalho, passei a usar minha facilidade de associação para conectar pessoas. Eu sabia quem tinha uma demanda a ser sanada e quem tinha o necessário para supri-la. Isso é *networking*, que leva a parcerias e gera conexão.

Se pudesse escolher cinco áreas da minha vida em que eu me considero bom, quais seriam? Se preferir, leve essa lista para pessoas ao seu redor que conhecem você muito bem e que possam auxiliá-lo a ter uma visão mais ampla do assunto.

PRÉ-MÉTODO: ACHAR UM PROPÓSITO

O QUE DÁ DINHEIRO?

Seria ideal um mundo em que nossos sonhos nos alimentassem no fim do mês, mas, para que isso se torne realidade, precisamos pensar objetivamente: O que dá dinheiro para você e para o estilo de vida que você quer construir?

Um dos principais pontos que analisei quando busquei aquele classificado de empregos era o salário oferecido. Eu me importava com o dinheiro que queria receber, e não há problema em admitir que você deseja uma vida de liberdade financeira. Era o que *eu* queria, e, se você está lendo este livro, provavelmente é o que você quer também.

Mas a verdade é que eu tinha pouca noção do que custava viver sozinha, ter minha independência e estar longe dos meus pais aos 17 anos; contudo, eu não precisava saber o padrão de vida que eu queria levar para concluir que um trabalho remunera melhor do que outro. Por isso, minha referência foi comparativa. Olhar para os lados, analisar outras profissões e encontrar a que se destaca entre elas. Chamamos isso de *análise horizontal*.

Por isso, convido você a pensar em algumas profissões que se encaixem com o que você viu até o momento (no que você é bom e o que ama fazer), e então as compare, vendo qual se aproxima mais do seu objetivo a curto e longo prazo.

Algumas perguntas para guiar a análise:

- Quanto eu quero ganhar por mês a longo prazo?
- Quanto eu quero ganhar por mês a curto prazo?
- Dinheiro é importante para mim agora?
- Eu prefiro abrir mão de ganhar mais por uma profissão que tem menor oferta, mas que me satisfaz?
- Tenho oportunidade de crescer e alcançar liberdade financeira com as profissões que eu escolhi?

É necessário entender que esses são objetivos e que você pode alinhá-los ao longo do caminho, porque a vida não é "preto no branco". Tenha em mente que é uma estimativa, uma média, e que essas questões ajudam você a afunilar suas ideias para decidir sua vocação e seu propósito.

ISSO AJUDA O MUNDO?

De todas as perguntas até o momento, essa é a mais importante para mim, porque amo poder ajudar o mundo. E, quando falamos sobre mundo, não estamos nos referindo a números, quantidades de pessoas. Se o seu trabalho como vendedor é ajudar pessoas a conquistar o carro próprio, ótimo! Se você deseja ser assessor de investimentos porque isso ajuda as pessoas a conquistarem liberdade através do mercado financeiro, ótimo também.

Não importa se o seu trabalho impacta uma, duas, vinte ou trinta milhões de pessoas. A verdade é que, quando colocamos nosso propósito

PRÉ-MÉTODO: ACHAR UM PROPÓSITO

em perspectiva exterior a nós mesmos, cria-se um laço diferente.

Nós, como seres humanos, nos cansamos em algum momento. Eu amava meu trabalho, mas por quantas noites saí da XP sem ter captado um único cliente? Nesses momentos, eu me lembrava do meu propósito, da minha vontade, do que eu queria para a minha vida, e isso me dava forças para continuar.

Para entender melhor como o seu propósito reverbera no mundo, faça essas perguntas:

- Quem será afetado pelo meu propósito, pelo que eu amo fazer e pelo que me traz retorno financeiro?
- O que muda na vida das pessoas antes e depois de terem contato com o meu trabalho? Qual o meu impacto?

Realizo-me a cada dia, ao longo de mais de 17 anos, ao trabalhar para resolver o "abacaxi" latente da falta de conhecimento sobre finanças e investimentos dos brasileiros. Tenho convicção sobre a importância disso para um futuro melhor e mais próspero.

Se pensarmos que trabalhar é produzir para resolver problemas, trabalhar com algo que se relaciona com a sua vocação é ainda mais especial.

Em 2020 fui entrevistada pela Hult International Business School sobre lideranças femininas ao redor do mundo. Uma das perguntas que me fizeram abordou minhas brincadeiras de criança. Eu amava brincar de dar aula; a lousa e o giz eram meus grandes amigos. A máquina de escrever do meu avô Amaory era fonte pura de entretenimento, e eu também amava o microfone prateado que meu pai fez para mim com o chuveirinho velho do banheiro.

Enquanto respondia às perguntas na entrevista, dei-me conta de que, com uma maneira divertida e natural, eu havia encontrado minha vocação muito mesmo antes de saber o que significava trabalhar. Eu não enxerguei o que estava bem diante do meu nariz somente porque não fiz as perguntas certas para mim mesma ao decidir o meu propósito, o meu grande abacaxi.

Por isso é tão importante se ouvir e se conhecer. Muitas vezes a resposta para nossa vocação e nosso propósito está bem diante do nosso nariz.

Já que parte do *meu* propósito é que você encontre o *seu*, pergunto agora: Quais eram seus brinquedos e brincadeiras favoritos? Pensar sobre isso também pode ser um meio simples de ajudar a encontrar a sua vocação. Reflita e divirta-se!

Outra forma de instigar seu autoconhecimento é jogar com as palavras, apenas substituindo a palavra *propósito* por outras:

- Qual briga você quer comprar?
- Qual desejo você leva aí dentro?
- Que dor você sente e quer resolver?

PRÉ-MÉTODO: ACHAR UM PROPÓSITO

- Qual legado quer deixar?
- Que marca quer deixar por onde passar?
- Como e pelo quê quer ser lembrado?

Ao se fazer essas perguntas, você chegará a diferentes respostas, mas não importa a resposta exata agora: o foco é a pergunta. A resposta você encontrará por meio de experiências, mas de forma mais consciente, com maior reflexão e observação, já que você entende melhor quem é e os problemas que gostaria de resolver, ou os abacaxis do mundo que poderia descascar.

Quanto antes você acorda, menos sacrifícios precisa fazer, porque se encontrou no caminho em um mar de pessoas perdidas. Eu não tinha noção do que era propósito antes do mercado de trabalho. Foi através da prática, do meu esforço, que entendi o que queria fazer com o mundo ao meu redor.

O propósito serve para mostrar que você não pode fazer tudo ao mesmo tempo: é preciso direcionar-se para o que você quer. Ter um propósito traz realização e sentido à nossa vida; é o que nos motiva a continuar tentando, a lidar com as dificuldades do dia a dia.

*

Chegamos ao ponto do livro em que o autoconhecimento ajudou a clarear a visão do seu futuro e de como você se insere no mundo ao seu redor. Tendo essa informação fixa e fresca na sua mente, é hora de colocar seu propósito, seu sonho em prática por meio da sua vocação, ou seja, da sua profissão. Aqui, alcançamos a parte aplicável do Método dos Esforços. Prepare seu bloco de notas e sinta-se à vontade para rabiscar o livro com suas ideias, pois está na hora de tirar seu sonho do papel e mudar a sua vida!

CAPÍTULO QUATRO
O MÍNIMO ESFORÇO

Eu tinha duas prioridades quando mais nova: garantir minha aprovação numa universidade pública e ainda assim aproveitar minha adolescência. Meus dias começavam estudando, e eu ia dormir estudando também. Enquanto isso, lá fora, a moda do verão era a pele bronzeada, brilhando de vivacidade.

Nos anos 2000, ter uma pele bronzeada no verão era sinônimo de beleza e autocuidado. E eu queria a pele bronzeada igual à dos meus amigos! Mas como poderia chegar a dezembro com uma pele banhada a ouro se eu precisava ficar dentro de casa estudando o ano inteiro? Como conciliar ser uma aluna exemplar sem perder tempo de fazer outras coisas que me traziam felicidade?

Entendi que, apesar de estudar até a noite, a luz do Sol só brilhava no meu quintal durante o dia. Aquele era o momento para receber uma enxurrada de vitamina D. Até o fim do ano, eu sabia que precisava estudar pelo menos seis módulos de cada matéria do ensino médio. Então, alinhei um plano: quanto tempo mínimo de sol eu precisava tomar e quanto tempo mínimo de estudo eu precisava estudar para chegar a dezembro com a pele do verão e as notas que eu desejava para o vestibular?

De acordo com meus cálculos, eu poderia tomar sol enquanto estudava duas horas por dia. E era possível aproveitar para ler os livros do vestibular enquanto fazia exercício físico, para manter a saúde.

Nunca fui de perder tempo. Poderia me formar com honras na escola e ainda assim ser jovem. Naquela época, muitos amigos e conhecidos passavam as tardes no clube, aproveitando. E, para não ficar para trás, dei meu jeito. Mas não ficaria de pernas para o alto sem estudar, porque isso não condizia com minha personalidade e visão de realização.

Em todas as tardes ensolaradas, passava duas horas tomando sol e fazendo exercícios de física. Ficava com o livro na cara mesmo, aproveitando duas atividades que faziam parte do meu plano para o fim do ano. Fazia abdominais enquanto estudava literatura, flexões enquanto entendia biologia e aplicava bronzeador enquanto desvendava a química. E assim foi durante todo o ensino médio, porque estudar e ficar sem bronze e sem treino não eram uma opção para mim!

Por mais bobo que esse exemplo possa parecer, há matemática e lógica por trás do meu pensamento adolescente. De quantas horas por dia eu precisava para ficar bronzeada? De quantas horas de estudo eu precisava para passar no vestibular? Quanto tempo eu poderia dedicar à atividade física para manter meu corpo e mente em ordem? Essa foi uma das primeiras vezes em que apliquei um pouco mais conscientemente o que hoje em dia penso sobre entender e gerenciar a Menor Unidade de Esforço, O *Mínimo Esforço* a ser feito para atingir seu objetivo ou, como chamaremos a partir de agora, seu *Sonho Grande*.

Para fazer seu Sonho Grande entrar em ação, é necessário planejar, executar e fazer o acompanhamento da execução. Esse ciclo é o Método dos Esforços, entendendo seus objetivos, do que você precisa para alcançá-los e em quanto tempo você quer atingir metas estabelecidas. Podemos simplificar essa lógica no seguinte gráfico:

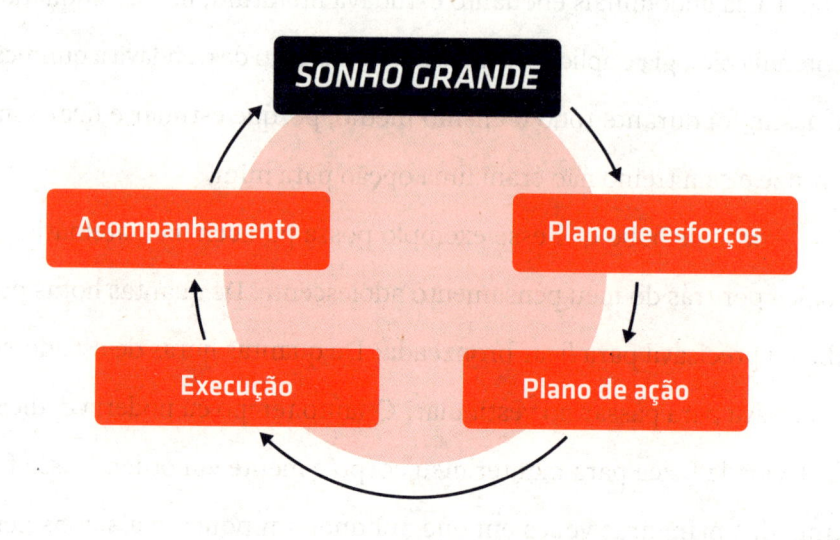

```
         SONHO GRANDE
        ↙           ↘
Acompanhamento    Plano de esforços
     ↑                    ↓
  Execução  ←      Plano de ação
```

O Sonho Grande é o seu objetivo. É o plano a curto, médio ou a longo prazo que você quer executar. Na liderança comercial, vemos muitos líderes que cobram o resultado, mas não mostram como chegar lá. Eles dizem: "Você precisa captar 1 milhão de reais por mês", mas não dão as ferramentas para atingir esses resultados. Trazem a meta, mas não ajudam com o plano para atingi-la.

Quando comecei como agente autônoma de investimentos na XP em 2006, eu recebia comissão de três em três meses, e depois passou a ser de seis em seis. Mas as contas chegavam todo fim de mês. A matemática não batia. Como eu sobreviveria àquele cenário? O que poderia me sustentar para continuar seguindo, ainda que só fosse ver o retorno monetário do meu trabalho dali a meses? A minha solução foi sonhar e executar, porque, sem minha Estrela do Norte, não daria certo. Sem um plano, sem um sonho, eu seria só mais uma pessoa fazendo o básico, porque nada me motivaria a continuar resiliente.

RESULTADO CONSTANTE

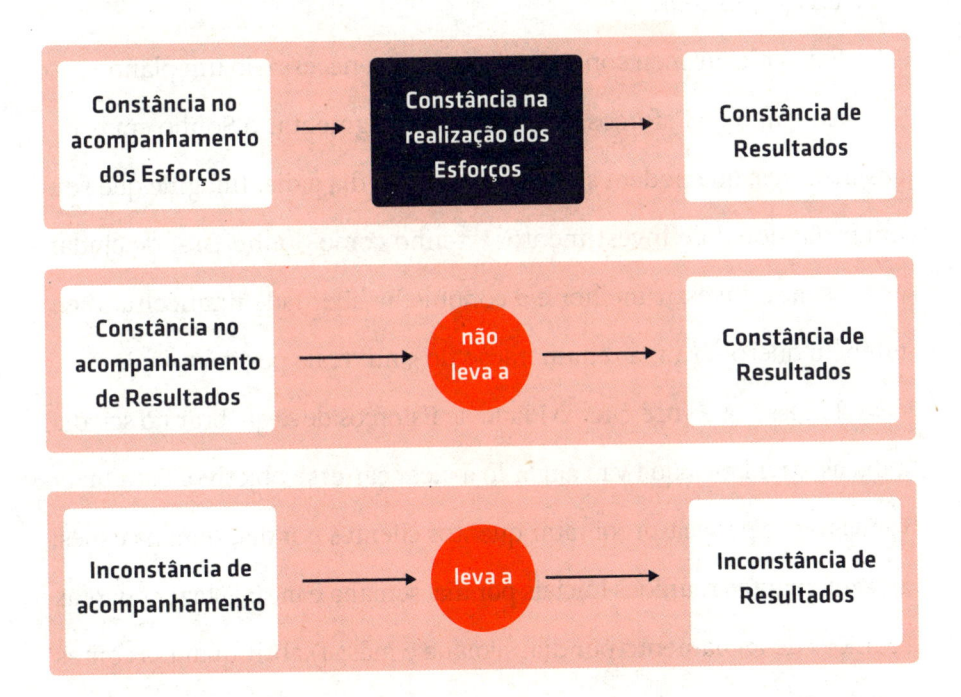

| Constância no acompanhamento dos Esforços | → | **Constância na realização dos Esforços** | → | Constância de Resultados |

| Constância no acompanhamento de Resultados | → | não leva a | → | Constância de Resultados |

| Inconstância de acompanhamento | → | leva a | → | Inconstância de Resultados |

Então, para me manter sã e visualizar meu trabalho, passei a fazer projeções da minha rotina em uma planilha, com foco no meu sonho. No meu caso, esse sonho era uma janela — aquela que vimos anteriormente. Meu Sonho Grande era ter meu cantinho, minha casa, morar sozinha, ter tudo do meu jeito! Apesar de sonhar com isso desde criança, somente quando adulta e tendo meu trabalho na XP comecei a entender que esse não era só um sonho e, sim, um objetivo. Eu não só sonhava com minha casa, eu a *desejava*. E arrisco dizer que o desejo pode ser ainda maior que o sonho, porque o desejo precisa ser atendido e vem da alma. Ele não pode ficar só no campo das ideias. Eu *queria* minha casa e faria o possível para *conquistá-la*.

Para colocar meu sonho em prática, era necessário um plano.

No Plano de Esforços, começamos a fragmentar o Sonho em pedaços menores, que podem ser trabalhados no dia a dia. Imagine que sou um profissional de investimentos e tenho como Sonho Grande ajudar as pessoas a investir melhor e a conquistar liberdade financeira. E eu também quero ter uma remuneração de 5 mil reais por mês.

Se é isso que você quer, o Plano de Esforços deve quebrar no seu dia a dia as atividades que vão ajudá-lo a alcançar esse objetivo. Para fazer vendas, você precisa: 1) contatar quantos clientes por dia, semana e mês; 2) fazer quantas reuniões iniciais por dia, semana e mês; 3) fazer quantas reuniões de fechamento por dia, semana e mês; 4) abrir quantas contas por dia, semana e mês; 5) ativar quantas contas por dia, semana e mês. O Plano de Esforços responde a essas perguntas.

E você pode se questionar: Onde acho tanta gente para fazer prospecção? Aqui entra o Plano de Ação, que é como você vai colocar em prática o seu Plano de Esforços. É hora de colocar a criatividade no jogo, pensando e inovando de forma simples nas ações.

Na sua cidade, quais empresas ou negócios têm uma dor que você consegue resolver com seu trabalho, serviço ou produto? As pessoas estão conscientes dessa dor? Ou você precisa ajudá-las a percebê-la? No caso de um profissional de investimentos, a solução seria buscar ao redor, no seu bairro, na sua cidade e até no seu estado, empresas que queiram investir o dinheiro delas utilizando uma empresa de investimentos. No meu caso, como as pessoas não queriam investir, eu precisava ajudá-las a perceber que tinham uma dor: elas não estavam se preparando bem para seus futuros financeiros.

Entenda as prioridades dos seus *prospects*, investigue o que você pode acrescentar aos seus possíveis clientes. Se seu Sonho é ajudar as pessoas a investir melhor, então o seu argumento será voltado para convencer o cliente de que, com você, com sua empresa, há chance de ter liberdade, de fazer um bom negócio e de ser recompensado por isso depois.

Para se fazer visto e não ser apenas mais uma ligação perdida no meio de diversas outras, busque ações que possam destacar você. Talvez você possa ministrar palestras para seus possíveis clientes em nome da sua empresa, explicando o seu trabalho e pontuando como ele é essencial para o desenvolvimento do cliente. Ou até possa marcar reuniões presenciais para apresentar o que você tem de valioso para ajudar aquela empresa a conquistar o próprio Sonho Grande dela — todos nós temos objetivos; o segredo do bom vendedor é reconhecer a dor ou o objetivo do seu cliente, alinhar aos seus e ser o trampolim, o incentivo necessário para que ele alcance seu próprio objetivo e, como consequência, você conquiste o seu. Como assessora de investimentos, sempre me considerei guardiã dos sonhos dos meus clientes. Normalmente, seu cliente pode não estar pronto para comprar, então o seu papel é, via processo comercial, educá-lo, mostrar que você tem a solução para aquela dor. E esse processo comercial, para mim, se iniciava em palestras, cursos etc.

Como assessora de investimentos, sempre me considerei guardiã dos sonhos dos meus clientes.

É importante saber seus pontos fortes e fracos. Por isso, fizemos anteriormente o exercício para entender seus talentos, seu propósito e sua clareza sobre quem você é, porque isso culmina numa boa gestão. Somente quem se conhece de verdade consegue aproveitar as forças e melhorar as fraquezas para usar como motivação e aprimorar ainda mais seu trabalho.

Agora que você sabe seu Sonho Grande, montou um Plano de Esforços e um Plano de Ação, é a hora mais temida: a da Execução.

A verdade é que de ideias legais o mundo está cheio, mas, de execução, tem muito a melhorar. As pessoas têm os planos, mas não os executam com foco e determinação.

A Execução refere-se ao fazer; o Acompanhamento, a olhar todos os dias a relação entre planejado X realizado. Assim, aprende-se a recalcular a rota, a buscar todo dia estar *"on tracking"*, em dia com o planejado. Afinal seu esforço é todo dia, o resultado é no final. Um dia, enquanto estava ligando para possíveis clientes na sala da XP, com uma lista de pessoas que foram à minha palestra na noite anterior, Nilton Silva, *head* da mesa de operações da sala de clientes da XP, entrou na sala da XP Asset, a gestora do grupo XP, gritando:

— Bianquinha, Bianquinha! Agora está tudo explicado!

Eu, que tinha acabado de desligar a ligação com um cliente e já ia para o próximo, me assustei. Ele estava lá, com um sorrisão imenso, e eu pensando que algo horrível havia acontecido.

— Entendi por que tu bate a meta todos os meses — ele continuou, falando alto. — Sabe quantas ligações tu já fez hoje?

Não, eu não sabia. Eu vinha de uma rotina em que todos os dias eu mal desligava o telefone e já estava de olho em outro cliente. Eu ligava várias vezes para a mesma pessoa. Ligava para chamar para a minha palestra. Se ela confirmava, ligava para garantir que ela fosse. Depois do evento, ligava de novo. Somente depois de alguém ir a um evento meu, mais ou menos lá pela terceira ligação, é que considerava como prospecção.

— Que susto, Nilton! Não, não sei quantas ligações.

— Cem ligações! E sabe quantas fez ontem? Cem ligações. E anteontem? Cem ligações!

Eu não sabia que estava sendo observada tão de perto. Apesar de chamar a atenção de quem trabalhava comigo por ter números constantes e altos de captação todo mês, não contabilizava na época quantas ligações fazia por dia. Por isso fiquei curiosa diante da observação do Nilton.

— Como você sabe disso? — perguntei, ainda meio em choque com sua empolgação e ansiosa para saber como aqueles números chegaram até ele.

— Estou há três dias acompanhando e puxando o relatório do seu ramal, e a quantidade de ligações nunca é menor do que 100. É por isso! Está explicado por que você capta dessa forma, guria. E os guris lá da mesa só olhando os gráficos, sem captar e sem tirar o telefone do gancho. Parabéns!

O Nilton foi um líder para mim, ainda que não fosse o meu gestor, quando me entregou esse presente. Ele foi o primeiro a me dar o início da receita do meu processo. Ele chamou minha atenção para padrões que eu aplicava e não percebia.

Foi a partir daí que eu entendi O *Mínimo Esforço* como algo mais claro na minha mente: não existe milagre. O que existia ali era consistência, uma rotina bem-definida e pautada nas minhas metas e num plano de ação e execução. Depois daquele dia, comecei a contar quantas ligações eu fazia ao dia, desenhando palitinhos em um bloco de notas, garantindo pelo menos as 100 que eu sabia ser capaz de realizar diariamente e que me levavam ao resultado que chamava a atenção.

O meu resultado foi totalmente consequência dos esforços. Naquela época, eu levava 1 milhão e meio para a xp por mês. Às vezes variava entre 100 mil para cima e para baixo, mas os números eram muito constantes. E aquele era um número muito alto dentro do contexto XP, uma empresa ainda em início de caminhada no mercado.

Depois de entender que 100 ligações por dia faziam parte de uma rotina para a captação mensal previsível, decidi ir atrás de outras variáveis que se mantinham ao longo dos meses. Percebi que alcançava aquela somatória no fim do mês quando atingia 200 prospecções. Tenha em mente que essas prospecções não vinham de uma palestra só, mas da soma de muitos eventos, palestras e cursos.

Ao ligar com vistas a chamar pessoas para minhas palestras, me apresentava como "Bianca, da XP Investimentos" e ouvia do outro lado da linha: "O quê? Windows XP? Não, obrigado, não tenho interesse". Eu já saí de muitos dias de trabalho sem um cliente sequer, dando palestras para salas meio vazias, sem público potencial. Nesses momentos, olhava para meu Plano Comercial e pensava: "Ok, amanhã começo tudo de novo. Se hoje foram cinco pessoas a minha palestra, essas cinco vão receber minha ligação amanhã. E pronto".

Quando eu atingia a meta de captação, não ficava de bobeira, parada. Aquele número era só mais um de todo um processo. O meu foco era alcançar as 200 prospecções até o fim do mês. Se eu não conseguia, ia atrás de parcerias para novas palestras, para dar cursos de investimento no meu círculo de convivência, porque sabia que precisaria daquelas pessoas no mês seguinte.

A verdadeira gestão está em ser maleável, em entender que às vezes precisamos dar dois passos para trás, analisar todo o panorama e mudar o que é necessário para atingir nosso Sonho Grande. Assim que houver um problema, busque a solução, reflita, recalcule e comece de novo.

Desdobrar e elaborar a minúcia dos planos dá trabalho, mas é isso que garante controle do seu Sonho Grande. Ao se acostumar com o Método, você passará a gastar menos tempo com o planejamento, e mais com a execução. Isso proporcionará mais tempo para colocar em prática suas ligações, e menos para ficar pensando no quanto você precisa trabalhar naquele dia.

Você não tem que se preocupar com cada mísero detalhe da execução, justamente porque já fez isso no planejamento!

O que define o sucesso é o tamanho dos seus sonhos e o que você faz para alcançá-los. O Mínimo Esforço tem como objetivo ajudar você a ser dono da sua própria jornada, a ter seus próprios limites e metas, não importa sua área de trabalho.

Um grande problema do mercado é que as pessoas não se dão ao trabalho de planejar seus sonhos e suas jornadas. Tratam os objetivos da empresa como se fossem de outras pessoas, por isso se frustram no final.

Mas não estou falando aqui de confiar cegamente. A vida não é uma utopia.

O que quero dizer é que, ao decidir trabalhar onde você está, você fez um acordo. Você está se comprometendo consigo mesmo e com uma empresa a dar o seu melhor. No mercado de vendas, ainda que conectado a uma companhia, há um benefício próprio para o vendedor — seja em comissão ou bônus, como pagamento pelo seu trabalho. Concretize seu sonho onde você estiver.

Desempenhe O Mínimo Esforço *por você. Ninguém realiza o sonho de ninguém.*

Realizando seu sonho, você leva seus colegas e gestores no mesmo barco. Lidere você o barco, porque você sonha por si próprio, mas traz benefícios para a empresa também. Uma empresa com funcionários cheios de sonhos é uma empresa com muito potencial para se sustentar, porque não é formada por pessoas que só querem o mínimo. Não! Elas têm seus objetivos, e isso inspira resiliência.

A satisfação pessoal nunca será alcançada apenas por fazer algo de qualquer jeito para receber um pagamento no fim do mês, porque isso não é propósito. Viver com propósito nos torna mais fortes para passar pelos períodos mais difíceis; ter um propósito nos faz entender que podemos recalcular a rota, mudar os caminhos — tudo isso para chegar ao objetivo que temos para nós mesmos.

É o seu sonho. Quem vai lutar por ele senão você?

Para ajudar a montar seu roteiro do O *Mínimo Esforço*, decidi preparar um passo a passo com as perguntas que devem ser feitas para pensar o seu Sonho Grande e como colocá-lo em prática.

O primeiro guia ajudará você a aplicar a metodologia a absolutamente qualquer sonho. O segundo é voltado para todo e qualquer profissional da área comercial.

CHECKLIST O MÍNIMO ESFORÇO: *VIDA PESSOAL*

Vamos pensar em uma pessoa que busca liberdade financeira, começando a trabalhar em seu planejamento aos 25 anos, projetando 25 anos. O objetivo é criar uma mentalidade desde cedo para guardar dinheiro a fim de realizar seu Sonho Grande.

O plano é economizar e investir 600 reais mensais, começando com 5 mil reais, rendendo a uma taxa de 12% ao ano, em média, ao longo de 20 anos. Dessa maneira, quando essa pessoa tiver 45 anos, contará com um patrimônio financeiro acumulado de aproximadamente 1,096 milhão de reais, podendo viver de renda ou ter uma renda complementar vitalícia desse patrimônio, de aproximadamente 7 mil e 600 reais, sem consumir o valor principal, considerando juros mensais de 0,7%.

1 **Defina seu Sonho Grande – seu grande objetivo**

Exemplo: ter liberdade financeira ou renda complementar, aos 45 anos, de 10 mil mensais

2 **Comece a criar o Plano de esforços: transforme o Sonho Grande em um plano numérico de esforços**

Exemplo: quanto preciso poupar por mês, semana e dia para chegar à renda complementar de 10 mil reais mensais aos 45 anos? E de que taxa de rendimento preciso para chegar lá?

3 **Defina o Plano de Ação**

Ações para atingir os números de esforços necessários na etapa 2.

Obs.: as ações precisam ter prazos, ser detalhadas e específicas – de preferência, mensuráveis e quantificáveis, de modo que você possa avaliar se a soma delas projeta os esforços do passo 2.

É possível lidar com mais de uma ação, mas não invente demais para garantir que dará conta. Geralmente poucas e simples ações são as melhores.

Por exemplo: Que gastos consigo cortar para chegar ao esforço planejado? Mudar o estacionamento que eu uso diariamente para um mais barato e andar duas quadras? Adiar a compra de um carro e usar transporte público? Se não consigo cortar gastos, o que preciso fazer para ganhar a quantia do esforço a mais mensalmente? Vender algo? Buscar renda extra de algum modo?

4 Execução com intensidade e qualidade

Lembre-se de que você tem um sonho e um plano. É na hora da execução que normalmente as pessoas costumam desistir. Você precisa buscar a motivação para executar, para sair da sua zona de conforto, o seu sonho pode ser esse farol no meio da tempestade.

5 Acompanhamento dos esforços

Acompanhe o planejado X realizado dos seus esforços para chegar ao seu objetivo e não foque apenas os resultados, como a maioria das pessoas faz.

Exemplo:

- Planejado: poupar 56 reais por dia, 390 por semana e 1.560 por mês. Diariamente verificar:
- Planejado 56 X realizado 60 (Parabéns!)
- Planejado 56 X realizado 30 (Hoje você ficou devendo para o seu Sonho Grande)

O MÍNIMO ESFORÇO

É esse nível de acompanhamento que pode manter você conectado e direcionado ao seu Sonho Grande, seja ele qual for.

Lembre-se de que o acompanhamento refere-se a gerenciar o destino. Você pode readaptar a rota. Conforme você sobe na carreira, por exemplo, o valor investido deve aumentar. Enquanto você otimiza sua vida, é possível conquistar sua liberdade ainda mais rápido. O contrário também pode ocorrer: alguns anos podem ser mais difíceis que os outros, então o valor investido diminui. O importante é focar sempre o que está acima, mirando no Sonho Grande.

CHECKLIST O MÍNIMO ESFORÇO: VIDA PROFISSIONAL

1 **Defina seu Sonho Grande – seu grande objetivo**

- Comissão dos sonhos?
- Carteira dos sonhos?

Exemplo: assessor de investimentos ou vendedor que quer ganhar 20 mil reais mensais em 18 meses de profissão (1 ano e meio).

2 **Comece a criar o Plano de Esforços: transforme o Sonho Grande em um plano numérico de esforços**

- Que volume de carteira de clientes preciso ter?
- Quantas reuniões preciso fazer?
- Para realizar tantas reuniões, com quantas pessoas preciso fazer um primeiro contato?

Você tem que ter esses números como ponto de partida, mesmo que no início simule e, depois, ao medir, comprove ou obtenha os números reais de conversão do seu processo comercial (funil comercial). Mas o foco de atenção é: crie e estipule alvos de esforços, e não apenas o fim monetário.

Exemplo: para um assessor com carteira de 45 milhões de reais em 18 meses, captando 2,5 milhões de reais ao mês, o que é apenas

125 mil por dia, considerando comissionamento bruto de impostos em torno de 0,35% ao ano, são aproximadamente 35 a 45 prospecções mensais necessárias; 33 primeiras reuniões ou reuniões de diagnóstico inicial; 23 reuniões de apresentação de proposta; 14 aberturas de contas; 8 ativações – isso, se você tiver um índice aproximado de 24% de conversão do funil de ponta a ponta. Mudando a taxa de conversão, pode-se mudar o tamanho desse esforço, por isso medir é tão necessário.

3 Plano de Ação

O que farei para conseguir o número-alvo de prospecções no meu radar? São 40 pessoas em média todo mês? E o mesmo número de reuniões? Consigo fazer eventos ou participar de algum que esteja ocorrendo na minha cidade? Que evento? Como? Com que parceiro? Para quantos presentes? Pedirei indicação para apresentar meu trabalho? Para quem é a apresentação e até quando preciso montá-la? Com que discurso vou convencer minhas prospecções?

4 Execução com intensidade e qualidade

Lembre-se de que você tem um sonho e um plano. A hora da execução é quando normalmente as pessoas costumam desistir. Você precisa buscar a motivação para executar, para sair da sua zona de conforto, e o seu sonho pode ser esse farol no meio da tempestade.

5 Acompanhamento dos esforços

Acompanhe, combinado com os esforços, o resultado planejado X realizado, para saber se os esforços aplicados estão indo em direção ao resultado alvo.

A metodologia não acaba em si mesma, porque o plano não é uma garantia de sucesso e, sim, o plano do sucesso. O método surgiu da minha prática; a técnica existiu antes mesmo de eu nomeá-la propriamente. Aquela garota que tinha planos de pegar uma cor para o verão, sem se esquivar da responsabilidade de estudar, construiu seus planos aos poucos, passou no vestibular na federal, entrou (sem carteira de clientes) numa empresa de investimentos, do zero, e um ano depois já foi promovida à sócia e a um cargo de liderança. Tudo isso porque tinha um plano e uma maneira de colocá-lo em prática.

O seu plano nunca pode ter fim nele mesmo. Se você alcança sua meta no mês e ainda há tempo sobrando, por que não se preparar para o mês seguinte? Se você não alcançou sua meta, é preciso analisar o que pode ser feito de um jeito diferente ou perceber se é possível manejar a meta — diminuí-la ou aumentá-la, de acordo com a sua realidade.

No meu caso, quando não atingia a meta, buscava novas chances de ensinar sobre investimentos para outras empresas, para chamar a atenção de possíveis clientes. E meu trabalho não acabava ali. Quando eu disse que fazia no mínimo três ligações por pessoa que ia às minhas palestras, isso significa que eu acompanhei minha execução. Não dá para alcançar liberdade financeira sem esforço — é impossível. Desconfie de quem vender a você fórmulas fáceis, com muito resultado sem esforço. Normalmente, para nós que começamos do zero, que precisamos lutar pelo que é nosso desde cedo, é necessário muito esforço. Mas vale a pena no final. Valeu para mim e pode valer para você também.

Quando me perguntam o que eu faria para formar a minha carteira se estivesse começando hoje como assessora de investimentos, respondo: exatamente tudo igual. O processo seria precisamente o mesmo. A diferença é que eu conseguiria ser mais certeira nos esforços, porque, com o passar do tempo, a experiência adquirida, a maturidade do mercado e a marca xp sendo muito mais conhecida, seria mais fácil direcionar e atrair clientes com maior potencial investidor. Atenção: tome cuidado para não se enganar ao medir esforços sem conexão com o resultado desejado, pois isso pode acontecer às vezes. Com a sede de nos sentirmos produtivos, podemos cometer esse erro, e ele pode ser fatal no seu processo. Fique atento!

Você só pode gerir o esforço. Pelo resultado, você se abraça e chora, ou se abraça e comemora. Faça a sua escolha.

O *Mínimo Esforço* que você leu neste capítulo é prático: começa com um sonho, que é quebrado em diversos pequenos esforços calculados, desdobrados em ações até ser alcançado. Podemos resumir as práticas integrantes do Método da seguinte maneira:

- Metas/resultados claramente definidos
- Indicadores de esforços claramente definidos
- Ações planejadas para atingimento dos esforços
- Execução simples e ágil
- Gestão do Planejado x Realizado dos indicadores de esforços e de resultados

Destaco que, para garantir o sucesso na implementação da Metodologia, algumas atitudes são essenciais:

- Sonho grande e propósito
- Ousadia aliada a risco controlado
- Intensidade, energia e foco
- Disposição para aprender todos os dias. Hoje estou melhor que ontem, assim como ontem estive melhor que anteontem, e assim por diante.

Ter uma visão de evolução contínua coloca-nos num lugar de evolução progressiva e de novas descobertas.

Resultado = número de esforços X % de sucesso

O método O *Mínimo Esforço* é para todos: tanto para quem quer ter a pele bronzeada no verão quanto para quem quer ter uma renda de 50 mil reais no mês. É para absolutamente qualquer pessoa, independentemente da área e do objetivo. Qualquer um consegue aplicá-lo, porque ele é maleável e construído com base na prática. O Método não é feito para ficar no campo das ideias: ele foi criado para ser posto em ação e você pode começar agora mesmo.

CAPÍTULO CINCO
O DESAFIO

Você já deve ter percebido que, além de "esforço", outra palavra-chave que compõe a jornada de alguém bem-sucedido é "resiliência". E não se engane: você com certeza já ouviu muito essa palavrinha mágica, mas a verdade é que ela chegou a perder a força de seu sentido, já que ouvimos falar muito de uma resiliência distorcida e que não demanda sacrifícios.

Ser verdadeiramente resiliente não é apenas superar adversidades, é se manter firme no seu caminho, apesar delas.

No artigo "O mecanismo da resiliência", publicado na *Harvard Business Review*, Diane L. Coutu, formada em política, filosofia e economia por Oxford e ex-correspondente do *Time* e do *The Wall Street Journal*

Europe, encontrei a melhor resposta para o que é a resiliência. A autora observa que pesquisas definem três características comuns encontradas em pessoas resilientes:

1) Aceitação ferrenha da realidade. Visão muito sóbria sobre a realidade. Clareza e lucidez.

Isso não significa otimismo ou pessimismo, mas o entendimento de como o mundo funciona e, a partir disso, a possibilidade de navegar pelo sistema de maneira a encontrar sentido na adversidade.

2) Uma crença profunda, baseada em valores enraizados, de que a sua vida tem um sentido, um propósito.

Apesar de saber como o mundo funciona, você tem, de forma clara em sua mente, o que deseja e, dentro da realidade, vai se guiar por isso para alcançar seu desejo.

3) Capacidade excepcional de improvisar.

Como navegar pela realidade? A capacidade de improviso e de agir em vez de apenas sentar e chorar é o que completa as características de pessoas resilientes.

É possível se recuperar de reveses com apenas uma ou duas dessas qualidades, mas, segundo Diane L. Coutu, uma pessoa é considerada resiliente quando acumula as três. Vamos trabalhar cada vez mais nossa resiliência, agora que temos seu desdobramento em três pilares. Essa competência é extremamente desejada e valorizada no mercado de trabalho, além de imprescindível para nos manter conectados com nossos grandes objetivos.

O DESAFIO

Estamos o tempo todo jogando sementes pelo caminho. Algumas são intencionais: nós as selecionamos e lançamos; outras não: nós as semeamos sem perceber, a partir de tudo que fazemos e emitimos (atos, palavras e atitudes). E colheremos o fruto de todas elas. Sabemos que o mundo dá muitas voltas, então certamente reencontramos nossas próprias sementes plantadas. Portanto, cuide da qualidade do que você está semeando.

Quando o Glitz, meu antigo e primeiro gestor na XP, pediu que eu liderasse o time de assessores comerciais da XP de Porto Alegre, me vi exasperada. A lógica era: "Se a Bianca capta 1 milhão e meio por mês, imagine se ela ensinar outras pessoas a seguir esse caminho!". Uma pressão inegável se assentou sobre meus ombros nesse momento. Ainda que estivesse com medo, aceitei o desafio de ser líder, e tudo isso por causa do Bernardinho. Isso mesmo, o treinador de vôlei que acumulou mais de 30 títulos em 22 anos de carreira com as seleções feminina e masculina do Brasil.

Glitz, ao perceber meu nervosismo, indicou-me o livro *Transformando suor em ouro*,[7] escrito pelo próprio Bernardinho. Eu fiquei enlouquecida e devorei o livro inteiro. Era um texto envolvente e que trazia um diferencial imenso para a minha vida: ele dava razão e incentivo à minha crença de que os esforços valem a pena.

---

[7] BERNARDINHO. *Transformando suor em ouro*. Rio de Janeiro: Sextante, 2006. 224p.

No livro, o treinador afirma que as pessoas mais preparadas e mais treinadas no vôlei são as que mais se esforçam e aperfeiçoam seus talentos; não havia troféus e vitórias sem dedicação, sem horas abdicadas de lazer. Na época, montei um paralelo com a minha vida profissional: o esforço de fazer muitas ligações, palestras e aberturas de contas era o que me levaria ao meu sonho, à minha liberdade financeira.

Os meus esforços eram comerciais; os dele eram atléticos. E, ainda assim, são esforços. Foi como receber uma iluminação: independentemente da área, o esforço vale a pena. O esforço é a única constante em qualquer vitória — quer nos investimentos, quer nos esportes.

Bianca e Bernardinho durante o evento Expert, maior festival de investimentos do mundo, em 2017, São Paulo.

Se o Bernardinho, um dos maiores nomes do vôlei mundial, disse que o esforço, exatamente o que eu tinha como metodologia, é o caminho certo e que esse mesmo esforço trouxe o ouro em 2004 e 2006 nas Olimpíadas, então eu estava seguindo uma teoria provada. Não era algo da minha cabeça.

Foi como se eu recebesse o aval do Bernardinho para continuar acreditando no Método dos Esforços. Ele me deu o respaldo para montar o meu método com muito mais segurança, e foi esse o pontapé para estruturar O *Mínimo Esforço*.

Posso dizer que já li *Transformando suor em ouro* pelo menos três vezes ao longo da vida. Naquela fase, quando havia me tornado líder recentemente, ficava agitada, tinha dificuldade para dormir e queria resolver absolutamente tudo em um dia. Esse livro foi justamente o que eu precisava para respirar fundo, analisar minha rota e me lembrar de que o esforço valia a pena.

Quando fui morar no Rio de Janeiro para liderar três equipes (Rio, São Paulo e Porto Alegre), passei o bastão de Porto Alegre para Thais Aquino, uma assessora da minha equipe que havia começado como estagiária. Eu sabia como era o peso de ser líder pela primeira vez, assim, decidi fazer por ela o que foi feito por mim: emprestei-lhe o livro, como um legado.

Anos depois, Bernardinho foi a principal atração da Expert 2011, evento que hoje se tornou o maior festival de investimentos da América Latina. Durante a palestra dele, eu, sentada à distância, apenas como uma ouvinte no mar de atentos às suas palavras, me vi ofegante. Podia ouvir meu coração batendo no pescoço, tamanha a realização ao ver materializado na minha frente o mestre que me acompanhou, ainda que ele não saiba, em todos aqueles anos.

Eu me fortaleci ao ouvi-lo falar, porque acreditava no que ele dizia e me empenhava com meus esforços. Ecoavam na minha cabeça suas palavras: "O esforço não é apenas uma etapa no caminho para o sucesso; é a própria essência da transformação. É quando moldamos nosso caráter, forjamos nossa resiliência e descobrimos o que somos capazes de conquistar". Entende o poder dessa frase para uma Bianca que ainda estava montando seu projeto de vida, que precisava de apoio para continuar executando seu Sonho Grande?

O meu objetivo é que O *Mínimo Esforço* seja esse tipo de livro para você, como um lembrete de que esforços valem a pena e para que, em um mundo cheio de promessas de muito resultado e pouco esforço, você não se sinta solitário.

Como Bernardinho me ensinou, *nada* substitui trabalho árduo e determinação. Nada.

Pense no tipo de legado que você quer deixar. Quer crescer cortando caminho e passando por cima dos outros? Essa é uma escolha sua, mas lembre-se de que a jornada é árdua, e ela é somente sua.

O legado e o *fair play*[8] no ambiente de trabalho também constrõem relações duradouras. Foi por conta da minha amizade com Mariana Schirmer, que trabalhava comigo no banco antes da XP, que fui introduzida à XP. Ela recebeu a descrição da vaga por e-mail, mas reconheceu com

---

8   *Fair play*: conceito atrelado ao mundo esportivo. Envolve modo leal de agir; jogo justo; luta contra fraudes e violências etc. (N.E.)

O DESAFIO

profissionalismo que correspondia com o meu perfil. Nem todas as pessoas fariam esse movimento. Em um cenário de destaque do ego, é fácil pegar as oportunidades para você, sem pensar em alguém próximo.

Digo isso com tanta firmeza porque minhas influências ao elaborar a lógica do O Mínimo Esforço já vêm de longa data, como o Bernardinho. Desde criança, quando sonhava com a minha própria casa; no colégio, quando precisei decidir minha carreira; e até hoje, após 17 anos de trabalho árduo na XP, na continuação do meu legado através do Método dos Esforços, trago comigo essas influências.

Porém recordo-me de uma história em especial que me firmou ainda mais na certeza do retorno proveniente do esforço. Em 2002, fiz um intercâmbio para os Estados Unidos, a fim de aperfeiçoar meu inglês e acumular alguma vivência no exterior. Fiquei oito meses trabalhando em restaurantes e cafés para pagar minhas contas e os estudos. Cheguei a limpar banheiros, profissão comum para estudantes e imigrantes no país. Na época, eu estava trabalhando como caixa em um café no centro de Boston. O café ficava lotado no almoço e as filas eram imensas. Eu e outros funcionários passávamos o dia trabalhando sem parar, em pé, atendendo a clientes e lidando com crises que surgem naturalmente ao lidar com o público.

Certo dia, ao pagar sua conta de dez dólares, um cliente entregou-me uma nota de cem dólares. Quando levantei a cabeça, com o troco na mão, ele já não estava mais na loja. Saí correndo atrás dele, mas o rapaz havia sumido no meio da multidão.

Ao voltar, fui diretamente ao gerente para contar o que havia acontecido. Ele disse:

— Vamos fazer assim: eu guardo o dinheiro até que essa pessoa volte. Se não voltar até o fim do mês, o dinheiro será seu, como forma de recompensar sua honestidade.

O gerente nunca mais tocou no assunto, e Damaris, minha colega de caixa, confirmou com ele que o cliente nunca havia voltado. Fiquei decepcionada — não pelo dinheiro, mas pela postura dele como líder. A realidade, para mim, era a de um trabalho de caixa com um chefe que se esquecia de suas promessas.

Um tempo depois, fui trabalhar em outro restaurante como garçonete, das quatro horas da tarde à meia-noite, quatro vezes na semana. Nos outros dias ia ao curso de inglês. Em um final de tarde de domingo, um casal de turistas veio me cumprimentar após seu jantar. Eles pediram para me chamar na cozinha. Voltei um pouco confusa, porque eles já estavam indo embora e eu já havia me despedido, mas a mulher me deu um abraço caloroso, o que não é muito comum para os americanos, e colocou algo dentro do bolso do meu avental, falando ao meu ouvido:

— Isso aqui é apenas para você. Não é para dividir com mais ninguém. Já demos a gorjeta tradicional no pagamento da conta. Isso é uma pequena retribuição pela energia e luz que você emanou por meio do seu entendimento durante o nosso jantar, proporcionando-nos um momento muito especial.

Fiquei muito feliz e agradecida. Nem acreditava no que havia acabado de ouvir e vivenciar! Fui verificar o que havia no avental, imaginando que talvez fosse uma nota de vinte dólares, o que já seria muito bom para uma gorjeta extra, e, para a minha surpresa, eram cem dólares! Na mesma hora, lembrei-me do episódio dos cem dólares do café em que eu trabalhava. Empenhando-se com dedicação e ética, o retorno vem de uma maneira ou de outra. Aja sempre corretamente. Não se influencie por quem não está seguindo as regras do jogo, mesmo que seja um líder — alguém em quem você, teoricamente, deveria confiar e até se inspirar. Seja criterioso para escolher por quem você terá admiração. Sinto admiração por quem tem valores que são importantes para mim.

Se alguém lhe passar uma mensagem errada, filtre-a. Resgate seus princípios e valores mais básicos. Desenvolva seu poder analítico e de distanciamento das situações, quando necessário, para seguir firme e resiliente.

E não se engane: este não é um mundo de conto de fada. Seguindo a lógica de resiliência de Diane L. Coutu, sabemos agora que uma pessoa verdadeiramente resiliente reconhece a realidade. E a verdade é que nem todo mundo segue o caminho do *fair play*. Admitir isso é importante, inclusive para identificar exatamente o que não fazer, que caminhos não seguir e como manter distância de pessoas que podem contaminar seu sonho. Lembra? Seu sonho é somente seu e depende de você.

Como líder, sempre me empenhei em ser um exemplo para o time, com postura coerente entre minhas falas e ações. Eu queria que o time e os clientes tivessem sua própria liberdade, dando o melhor de si por si mesmos, e isso se refletiria na empresa também. É como já falamos: uma empresa bem-sucedida é formada por sonhadores bem-sucedidos, que a elevam enquanto se elevam também.

Durante o processo de escrita deste livro, fui jantar com uma ex-integrante do meu time XP que acabou se tornando uma grande amiga: Rebeca Webster. Quando ela chegou para trabalhar comigo, tinha apenas 20 anos, com os olhos frescos para o mercado e um pouco perdida sobre quais caminhos seguir, porém *muito* determinada a trilhar uma carreira de sucesso.

Ela, assim como todas as pessoas que trabalharam sob minha liderança, foi introduzida ao Método dos Esforços. Começamos a trabalhar juntas em 2008 na XP Gestão de Recursos, quando o processo de prospecção de clientes era bem diferente do que é hoje. Não tínhamos as mesmas soluções para contatar as pessoas e apresentar nosso trabalho, fosse por conta dos meios de comunicação, fosse pelo tamanho que a XP tinha na época.

Quando comentei com a Rebeca sobre o livro, ponderei a respeito do nosso tempo trabalhando juntas e da aplicação do Método, então perguntei qual foi a impressão que ficou com ela até hoje. Recebi uma resposta que faz absolutamente todo o meu esforço nos últimos anos valer a pena:

O DESAFIO

> "Como minha primeira líder no mercado financeiro, você teve que me guiar em uma estrada que eu não tinha noção alguma de como conquistar. Construir uma carteira de clientes não é fácil hoje, imagina em 2008? Se eu puder definir o que nunca faltou em todos os processos durante a descoberta da assessoria de investimentos foi resiliência, execução, disciplina e foco. Não havia plano B. Era conseguir e conseguir. E a gente conseguiu! Foi naqueles anos que realmente me apaixonei pelo mercado financeiro, e o mais importante: por transformar a vida das pessoas por meio da educação financeira e dos investimentos."

Hoje em dia, a Rebeca é líder de um time comercial e sócia de um dos maiores escritórios de investimentos do Brasil, a Monte Bravo. Quando perguntei a ela sobre como é ser líder ao invés de ser liderada, tal como na nossa dinâmica, ela me contou:

> "Atualmente, em meu processo de liderança, quando me deparo com algum desafio, sempre penso em como conseguíamos fazer o improvável em um cenário totalmente diferente. Eu nunca me esqueço de desdobrar meus objetivos, me organizar, não parar de executar, de ser resiliente e jamais perder minha disciplina. Manter o time focado em geração de *pipeline* (o Plano Comercial) é o caminho para que ele tenha sucesso e siga crescendo — além, obviamente, de manter

> um ótimo atendimento à minha base de clientes. Isso tudo não é novidade; eu aprendi em 2008. Aquele período foi minha escola, e nosso propósito nascido lá é o que mantém acesa a minha vontade de fazer meus objetivos acontecerem."

Como líder, você pode imaginar meu sentimento recebendo esse feedback. Eu me sinto cheia de força quando vejo que todos os meus anos de esforço causam mudança de vida em outras pessoas.

Usando a minha história construída até aqui, busco influenciar, apoiar e ajudar assessores e seus líderes. Mesmo aqueles que têm experiência no setor bancário precisam recorrentemente de um apoio e de um ambiente estruturado para sua adaptação à nova cultura, à nova fase e aos desafios.

Assim como o Bernardinho precisou planejar, executar e testar para construir um time campeão e se tornar um dos maiores treinadores da história do vôlei, eu e você precisamos ser resilientes em relação à nossa vocação. É necessário aprender que a jornada pode ser árdua, mas o que espera por você do outro lado é satisfação pessoal, liberdade financeira e uma forma de encarar a vida muito diferente daquela praticada pelos que vivem sem propósito.

Antes de me tornar financeiramente independente, precisei abrir mão de muitas coisas, inclusive do que as pessoas hoje em dia veem como itens "necessários". Para mim, isso envolveu um Ford Fiesta cinza.

Quando comecei na xp, tinha um carro antigo e fora de linha, ou seja, extremamente barato e nada apelativo ao "padrão de vida" esperado de pessoas trabalhando no mercado financeiro com investimentos. E digo isso sem qualquer problema.

Eu usava aquele Fiesta para ir a reuniões, porque era um item totalmente necessário. Ia de uma cidade a outra, carregava meus materiais no banco de trás, pegava a estrada o tempo inteiro — tudo isso para educar as pessoas sobre o mercado financeiro, rumo em direção ao que eu almejava: a liberdade financeira.

Em uma dessas viagens, eu ministrei um curso em Santa Cruz do Sul. E um dos alunos gostou tanto da palestra, que pediu que eu voltasse para palestrar diante de todos seus colegas de trabalho. No fim dessa palestra, ele me acompanhou até o meu carro e analisou a cena: a profissional do mercado financeiro e do mundo dos negócios e seu simples carro, pequeno e 1.0 não pareciam tão condizente com a postura de alguém do mercado financeiro. Ele então me olhou e disse:

— Nossa, esse é o seu carro? Decepcionado...

Ele achava que era pouco. Eu, com meu notebook na mão, usando minha roupa social da qual eu tanto gostava, não poderia estar dirigindo *aquele* carro e trabalhando no mercado financeiro...

— Sabe aquilo que eu ensino na palestra, sobre não se endividar e pagar juros, sobre riqueza de aparências *versus* construção da verdadeira riqueza? — perguntei a ele. — É exatamente o que eu pratico.

Você me verá usufruindo do que posso pagar sem juros enquanto estou na fase de acumulação, poupando o dinheiro que eu posso usar, de preferência, para gerar renda — respondi, já sabendo perfeitamente que aquele mesmo olhar crítico e o desdém vinham também de outras pessoas já há um tempo e continuaria me acompanhando enquanto elas me avaliassem pelas posses. — Eu pratico o que eu falo. Se eu mudar de carro todo ano, nunca vou conseguir meu futuro e minha liberdade financeira de fato.

As pessoas vivem de aparências. "Você precisa ter um carro moderno para passar a impressão de que você sustenta um alto padrão de vida, luxo ou sucesso". Mas na verdade é tudo relativo, o que é realmente sucesso e luxo para você? Eu só comprei um carro realmente mais caro em 2022, porque já havia adquirido a estabilidade do meu patrimônio. E, mesmo ao comprar, meu motivo para a escolha foi a segurança, e não a ostentação. O meu luxo? Não pagar juros.

Viver de aparências não acumula riquezas. As pessoas pagam juros desnecessários, vivem de status e em um mundo de faz de conta, mas não se libertam de verdade! Criam uma imagem exterior recheada de riquezas vazias, que jamais se tornarão uma segurança real. Gastam suas economias suadas com o agora material, sem se lembrar de que o futuro vai chegar, quer queira, quer não.

A questão que fica é: O lugar aonde você quer chegar deixa espaço *agora* para luxos que podem esperar mais um tempo para se tornar realidade?

No fim das contas, é sempre uma questão de pesar prioridades. Com O *Mínimo Esforço*, o foco é entender sua prioridade, pensar no que você precisa fazer para alcançá-la e quebrar suas ações em pequenas unidades, a fim de seguir o caminho com clareza do seu objetivo e de como chegar lá.

Isso é resiliência. E eu não me tornei resiliente do dia para a noite. Foram anos me dedicando, dando o melhor de mim, porque eu sabia que valeria a pena. Por isso, mantenha a resiliência como um foco. Treine sua visão sóbria sobre a realidade, entenda o seu propósito e pratique a improvisação que a vida exige de nós diante de obstáculos.

Mas não serei negligente ou injusta com você: a estrada é difícil. *Resiliência* não é só uma palavra bonita para postar nas redes sociais, e a vida cobra um preço pelo nosso próprio esforço. Ela também cobrou de mim, e, por mais que eu fosse uma líder com inteligência emocional em desenvolvimento, deixei isso de lado porque estava focada demais em ser produtiva. Foi um momento no qual perdi a balança do meu esforço. Quando atingi o cansaço máximo, quase acabei com minha saúde mental e com meu sonho. Eu estava passando por um *burnout*.

CAPÍTULO SEIS

LIDERANÇA INTELIGENTE

Por mais que o presente e o futuro sejam definitivamente tecnológicos, o ser humano não é puramente uma máquina. E, por isso, temos limitações mentais que podem acarretar cansaço físico. Em casos mais extremos, chamamos isso de *burnout*, ou esgotamento total.

Em 2011, eu estava oficialmente no meio do processo de construção e fundação do canal B2C (*Business to customer*) da XP. Eu era uma pessoa-chave, por ser gestora das equipes comerciais de assessores que se uniram aos operadores, os *brokers*, de onde se origina esse novo canal.

Fomos os pioneiros no Brasil a começar os testes de boas práticas e captação online como maneira de unir a empresa diretamente ao cliente, através de meios digitais, em uma relação menos burocrática e mais independente. Se hoje você consegue ter acesso tão fácil ao mundo dos investimentos, com múltiplos serviços, tendo um especialista operador e um assessor de investimentos à sua disposição, é porque há mais de uma década uma equipe de assessores e *brokers* se uniu, na xp, para construir a ponte comercial que antes faltava e tornava o mercado de investimentos tão distante das pessoas.

Na época eu vivia um ritmo alucinante. Havia responsabilidades demais e diversas novidades para testar. Meu papel era muito importante no teste e na validação. Eu cuidava de três equipes: Rio de Janeiro, São Paulo e Porto Alegre. Em cada uma delas havia um *head* comercial: Thiago Cunha (Rio), Daniela Audino (sp) e Thais Aquino (poa). Tínhamos religiosamente uma reunião semanal com os *heads* dos times comerciais e de mesa de operações, e eu era a responsável por tocar essas reuniões. Trazia as pautas e enviava, ao fim das reuniões, as atas.

Era meu trabalho corriqueiro no contexto de uma vida *ligada no 220 volts*. Trabalhava até duas da manhã. Eu era sempre a primeira a chegar e a última a ir embora.

Por mais que isso possa parecer um discurso incentivando você a abrir e fechar sua empresa para mostrar serviço, não é.

Meu dia de trabalho havia começado normalmente. A reunião semanal com o comercial correu bem, e eu voltei para minha mesa, a fim de preparar a ata em apenas cinco minutos para enviar à equipe, como eu sempre fazia. Aquilo era automático para mim. Já executava aquela atividade há tanto tempo, que era natural. Porém, enquanto eu escrevia algo tão simples quanto uma ata de reunião, percebi que não entendia o que estava escrevendo. As letras perdiam o sentido; pareciam sopro jogado pelo ar. Eu tinha consciência de que estava escrevendo algo, mas não sabia *o quê*.

Fiquei olhando para o texto e as palavras desconexas por algum tempo. Algo estava errado. Será que eu estava sonhando? Pouco tempo depois, meu telefone pipocou com uma notificação: eu tinha uma reunião com meu diretor, Celso Schuler, em alguns instantes.

Mas eu não sabia de nada daquela reunião. Será que tinham marcado erroneamente e esqueceram de me avisar? Foi quando bati o olho no assunto da reunião e vi que *eu* tinha marcado a conversa.

Tudo ficou sem sentido e devagar.

Fui até a sala de reuniões onde o Celso estava. Ele, felizmente, também é médico, além de empreendedor no mercado financeiro. Ao perceber meu estado letárgico e avoado, me enviou diretamente para o hospital Barra D'or, no Rio de Janeiro. Ao chegar lá, já tinha mais clareza e destreza de raciocínio o suficiente para saber que algo estava muito errado. Pressão alta, cabeça doendo, corpo inteiro tenso... O diagnóstico veio como um tapa na cara: amnésia global transitória, a incapacidade de armazenar eventos conforme acontecem; motivo: estresse demasiado.

A médica também aventou a possibilidade de aneurisma e AVC, então fui internada às pressas para fazer exames. Sozinha no quarto do hospital, cercada de paredes brancas e num lugar que não me pertencia, chorei de desespero. Nem cheguei a contar aos meus pais, para não os deixar preocupados à distância (eles no Rio Grande do Sul, eu no Rio de Janeiro). Queria lidar com aquilo de algum jeito sem que eles soubessem.

Percebi, durante meus dias de internação, que eu estava puxando demais a corda. Trabalhava das sete da manhã às onze da noite quase todos os dias da semana. Aos fins de semana, preparava meu material para a semana, porque queria dar conta de tudo. Eu precisava provar que nosso trabalho do B2C era bom, que investir na relação do cliente com a empresa diretamente valia a pena, estava nascendo, afinal um novo canal de distribuição direta de investimentos ao cliente final. Por um lado, deu certo. O projeto foi um sucesso tremendo, porque tínhamos uma equipe determinada a acelerar aquele vagão. Contudo, eu estava um caco emocional e mentalmente. E, quando a mente dói e nos vemos esgotados, o corpo também se esgota.

Eu sou uma pessoa crente em propósitos; sei que nem tudo é por acaso. Depois do meu *burnout*, fui forçada a ficar uma semana sem trabalhar. Naquela mesma semana, havia separado alguns dias para ir a um retiro de silêncio. Já estava tudo pago e agendado. Parecia que meu corpo estava me preparando para aquele baque; ele sabia que eu não aguentaria muito tempo naquela rotina insana. E eu sabia que precisava daquele descanso. Então, em retribuição à minha mente cuidando de mim, decidi cuidar dela de volta.

Dos três dias do retiro, dois eram em absoluto silêncio, como um voto. Para uma pessoa que está sempre com a mente gritando e correndo de um lado para o outro, ficar em silêncio foi mais fácil do que eu imaginava.

Quando chegamos ao limite do esforço físico, tudo que precisamos é esvaziar. Minha mente vazou no silêncio, se expandiu na introspecção. Estava tão exaurida, que minha cabeça agradeceu a ausência do barulho caótico. Em vez de me preocupar com o exterior, com aquele colega que não entregou tal coisa no prazo, com as reuniões da semana, com o projeto de tal time, eu virei as costas e encarei meu interior.

Ali, encontrei uma Bianca que dava aulas sobre acúmulo de riqueza, sobre liderança de equipe, mas que havia se esquecido de que por trás de todo líder de equipe precisa existir a autogestão das emoções e não apenas dos esforços comerciais. Eu era a Bianca que cuidava de todos, mas passei a me negligenciar. De nada adiantam os esforços se você estiver com o cérebro frito na metade do caminho porque não consegue mais viver. Não vale a pena viver num ritmo totalmente insano por muito tempo. Seu corpo não é feito para isso. Não somos máquinas desprovidas de necessidades humanas.

Por isso, busquei a terapia (análise) pouco tempo depois dessa crise e de voltar do retiro de silêncio. Agora que havia olhado para dentro, precisava colocar o que sentia para fora. Sigo há mais de 11 anos na análise, com a mesma analista, Sônia. Foi quando me aproximei da psicanálise.

Se sou uma pessoa analítica, nada mais lógico do que perscrutar minha mente de modo igualmente analítico. Nas sessões com a Sônia, finalmente aceitei a realidade de que me anular significava não saber lidar com as pressões tanto exterior quanto interior. Construir requer muita intensidade. Percebi isso e estou até hoje aprendendo a lidar com a minha: sou muito intensa! Minha mente acelera demais! É necessário um ponto de paz. Para mim, os pontos de paz se tornaram a análise (terapia) e a meditação.

Entendi que eu não me satisfaço com o raso; as respostas normalmente estão na profundidade do inconsciente. O raso não agrega nada — nem a mim, nem a você. Para o cético, essa pode parecer uma visão de mundo espiritual demais, mas posso garantir que por trás dos estudos sobre comportamentos e das neurociências comportamentais existe profundidade.

Às vezes, sabemos o óbvio sobre nos cuidarmos. Sabemos que precisamos de exercícios físicos, de uma rotina saudável, mas o mundo real nem sempre dá abertura para isso. Então, como reconhecer a realidade, criar saídas e improvisar? Em suma: Como ser resiliente em uma realidade na qual a resiliência se parece mais com um martírio do que algo que valha a pena encarar?

A resposta está na liderança inteligente e na autogestão.

INTELIGÊNCIA EMOCIONAL E INTELIGÊNCIA SOCIAL

Em um dos meus cursos de pós-graduação (PUCRS), estudei neurociência e comportamento. Guiei minha pesquisa pelo que a neurociência nos diz sobre a liderança no meio corporativo. Durante meu trabalho de conclusão, busquei refletir sobre perguntas como:

- Por que alguns profissionais têm maior resiliência do que outros para projetos a longo prazo ou ambientes mais agressivos de trabalho?
- O que diferencia esses profissionais?
- Existem perfis que podem determinar e definir quem é mais resiliente ou não?
- Situações do dia a dia e experiências podem ser determinantes?

Observei, em todos os meus anos de carreira, inúmeros profissionais bem-conceituados no mercado não resistirem aos ambientes, apesar de seus planos e ambições serem compatíveis com os da empresa. Lendo e estudando sobre o funcionamento do cérebro, muitas coisas começaram a fazer sentido. Várias peças do quebra-cabeça pareceram começar a se encaixar.

Entretanto, não vejo as respostas a essas perguntas como algo óbvio e trivial. Fazendo um exercício de associação e conexão entre as inúmeras pesquisas realizadas até aqui, talvez seja possível chegar a uma resposta, que com certeza não será definitiva, mas um ponto de partida para reflexão e discussão a respeito de como a neurociência permite uma melhor compreensão dos comportamentos no cotidiano corporativo.

Assim que ingressei na faculdade de administração, só se ouvia falar de liderança daqui e acolá, e eu mal conseguia compreender o que era de fato ser líder. Era tão abstrato para mim, que eu não alcançava seu significado e muito menos sua importância. Aprendi, sim, a entender seu valor, mas com prática e estudo. Posso até dizer que desenvolvi meu conceito de *Liderança Inteligente* ao longo dos anos com base em muita observação e vivência.

LIDERANÇA INTELIGENTE

INTELIGÊNCIA EMOCIONAL:

- Gerenciar a impulsividade natural, gerenciar as emoções
- Saber gerenciar a si mesmo e gerenciar seu modo de se relacionar com outras pessoas
- Vai além do QI (quociente intelectual)
- É composta por autoconsciência, gestão de relacionamento, consciência social e autogestão[9]

---

[9] GOLEMAN, D. Inteligência Emocional: a teoria revolucionária que redefine o que é ser inteligente. Rio de Janeiro: Objetiva, 2012.

> **LEITURA DE CONTEXTO:**
>
> - Leitura "fria" da cena, se puder espiar no passado e projetar no futuro, melhor
> - Cultura empresarial
> - Contexto é sistêmico e tudo está conectado

Considero a Liderança Inteligente a sutil combinação entre inteligência emocional e visão de contexto/negócios. O mais importante é que ela começa em nós e para nós mesmos — não tem nada a ver com liderança de equipes e projetos em primeiro nível, mas com a própria liderança. Não é necessário um time para desenvolver e trabalhar a sua.

E para que serve a autoliderança? Para nos impulsionar em nosso desenvolvimento e atingir melhores resultados com uma visão de longo prazo.

Vamos começar entendendo o conceito de *Inteligência Emocional*. Segundo Daniel Goleman, grande pesquisador e referência sobre o tema, com quem tive o prazer de ter aulas na pós-graduação da PUCRS, Inteligência Emocional é o controle sobre a impulsividade natural, ou seja, o controle das emoções, o que, por sua vez, facilita o relacionamento com outras pessoas, denominado Inteligência Social. Além disso, a Inteligência Emocional permite melhor compreensão sobre nossos pontos fortes e a desenvolver, nos apoiando na conexão interna com nosso propósito.[10]

---

10 GOLEMAN, D. *O cérebro e a inteligência emocional: novas perspectivas.* Rio de Janeiro: Objetiva, 2012. 120p.

Goleman também descreve a Inteligência Emocional como o saber gerenciar a si mesmo e gerenciar seu modo de se relacionar com outras pessoas. Vai além do QI (Quociente Intelectual): ela é composta por autoconsciência, gestão de relacionamento, consciência social e autogestão (GOLEMAN, 2012). Partindo do pressuposto de que nosso corpo foi criado para reagir impulsivamente a situações de perigo, emergência e ameaça, ou seja, estresse em nome da sobrevivência na história da nossa evolução, é perceptível como a Inteligência Emocional pode ser útil nos dias atuais. O estresse continua existindo, mas nossas reações podem ser balanceadas, para que não sejam desequilibradas diante da real necessidade de cada situação.

A amígdala cerebral é a parte do cérebro responsável pela rápida e pronta reação. Acredito que você concorde que nem toda situação de estresse exige reagir como se estivéssemos em frente a um predador, certo? Por isso, algumas vezes, por instinto, podemos reagir de maneira equivocada e impulsiva, muito mais do que o necessário. No momento do estresse, não estamos com total clareza sobre nossas atitudes e ações. Apenas agimos.

A maturidade é o prolongamento do tempo entre o impulso e a ação. Quanto mais conseguirmos que a amígdala cerebral não "sequestre" a nossa capacidade de discernimento e de pensar antes de reagir, mais balanceados seremos em nossas reações. Sempre após um período prolongado de estresse, a amígdala precisa descansar para se recuperar. Não ter pausas para facilitar momentos de recuperação pode causar danos, tanto na saúde pessoal quanto na profissional.

Felizmente existe a neuroplasticidade — a modelagem do cérebro através das experiências repetidas. Ela nos auxilia na recuperação mais rápida após situações de estresse, especialmente quando aprendemos que a ameaça não é tão ameaçadora quanto parece.

Um dos grandes diferenciais no mercado de trabalho é a Inteligência Emocional. As empresas já olham rotineiramente pelas lentes da Inteligência Emocional para contratar, promover e desenvolver seus colaboradores.

Ilka Horstmeier é a única mulher no conselho de administração da BMW, a fabricante de veículos da Alemanha. Ela começou em 1995 como *trainee* na empresa, e então entrou para o time de produção. Em 2013, tornou-se vice-presidente sênior de motores de produção e planejamento de trem e força elétrico. Desde 2019, ela é membro do Conselho de Recursos Humanos e Mercado Imobiliário, além de ser chefe da fábrica da BMW em Dingolfing, na Alemanha, desde 2018. Seu objetivo a longo prazo é entrar na briga pelos melhores talentos, para que as pessoas fiquem empolgadas em trabalhar na BMW, não desperdiçando talentos em áreas erradas.

Para Horstmeier, "não há liderança sem reflexão". Na época em que ela assumiu a liderança, enfrentou crises como a da covid-19 e as consequências da invasão da Rússia ao território ucraniano. A pressão exterior era imensa, e ela, sendo executiva, tinha decisões a tomar, funcionários a manter e uma empresa inteira a firmar na contramão da crise na cadeia de abastecimento de matéria-prima.

"É importante não se incomodar se você tomar o caminho errado durante uma crise — simplesmente reconheça isso, siga em frente e tome um rumo diferente." Apesar de essas serem palavras que você já pode ter ouvido, a reflexão de Ilka indica um nível de Inteligência Emocional estratosférico.

Goleman, em seu modelo, se baseia no desempenho no trabalho e na liderança organizacional, misturando a teoria de Quociente Emocional com décadas de pesquisa sobre a modelação de competências que separam indivíduos notáveis de medianos (GOLEMAN, 2012).

As *soft skills* são suas habilidades comportamentais, ou seja, referem-se a como você reage a certas situações no ambiente corporativo. Não basta desenvolver tarefas e funções que lhe são próprias, o indivíduo que se destaca será aquele que demonstra estar preparado para ser colaborativo, flexível, otimista, resiliente, ter um olhar amplo e oferecer soluções inovadoras.[11]

Em certa ocasião, assistindo à palestrante e consultora em liderança e pessoas Neuza Chaves, ouvi algo que jamais esqueci: no mercado profissional, as pessoas são contratadas por seus conhecimentos técnicos

---

11 GOLEMAN, D. *Inteligência social: a ciência revolucionária das relações humanas*. Rio de Janeiro: Objetiva, 2019. 472p.

(*hard skills*) e desligadas pelas suas atitudes (*soft skills*).

Com o tempo fui aprendendo a ser mais flexível. Entendi que é possível não ter todas as respostas e que, em time, podemos encontrá-las mais facilmente, graças à soma de ângulos diferentes de olhares. Segundo Goleman, "para as melhores posições de liderança, 80% a 90% das competências que distinguem os melhores dos medianos são baseadas em Inteligência Emocional".[12]

No mercado de investimentos, já presenciei inúmeros casos de pessoas com Inteligência Emocional, mas que não a aplicavam de acordo com o ambiente; não sabiam ler o entorno para se posicionar e adequar seus projetos e comportamentos a serviço do que a companhia almeja. Se você tem uma visão de negócios que vai além da sua cadeira na empresa, uma visão mais ampla, sabe que toda companhia tem quatro principais objetivos, e isso praticamente não muda de empresa para empresa:

- Atender às necessidades do cliente, de forma mais eficaz que a concorrência
- Crescer com velocidade e lucratividade
- Gerar caixa
- Ter um retorno atrativo sobre o capital investido (CHARAN, RAM, 2017)[13]

---

12 Ibid.
13 CHARAN, R. *O que o CEO quer que você saiba*. Rio de Janeiro: GMT, 2017.

Entender como a realidade funciona é, além de um requisito para pessoas resilientes, parte da Liderança Inteligente. O contexto refere-se a ler sobriamente a realidade, a conseguir enxergar as peças do tabuleiro e o ambiente em que se está inserido. É ter os pés no chão, reconhecendo fatores culturais e sociais dos locais que você ocupa, os valores desse local, o que já foi feito antes de você chegar ali — assim, pode-se conciliar tudo isso com os nossos valores e saber até onde vale a pena irmos.

Já vi muitos profissionais se perderem porque não têm visão de contexto, pois acham que podem aplicar a seu novo trabalho exatamente o mesmo molde que funcionava na empresa antiga.

Para captar o contexto, é necessário ser capaz de se relacionar com outras pessoas, usando seus pontos fortes para se adaptar a novas situações. O contexto é aperfeiçoado pela prática da resiliência.

Podemos sumarizar essa ideia ao dizer que:

Autoconhecimento (Inteligência Emocional) + Visão de Contexto (Inteligência Social) = Liderança Inteligente

A Liderança Inteligente é colocada em prática por aqueles que se conhecem, que são capazes de entender a realidade e se adaptar a ela. Para relembrar, liderança não significa propriamente liderar outras pessoas. A autoliderança começa com você, com a sua autogestão, para então se expandir a outras pessoas.

Ao me tornar mais sensível às minhas necessidades de autoliderança, fui capaz de aproveitar meus conhecimentos para ajudar meu time. Sempre que quis abandonar o barco da minha jornada na XP, o emocional me auxiliou a entender onde começavam meus limites. Tornei-me proprietária de mim mesma ao longo dos anos. Quando você se conhece e entende seus limites, é muito mais difícil que passem por cima de você e que seus sonhos se percam na linha do horizonte.

Não posso negar que já quase estive à beira de outro *burnout*, mesmo depois de anos em terapia. Durante a pandemia, em 2020, o mundo inteiro precisou se adaptar, em questão de semanas, a um molde de vida inteiramente diferente. A XP Educação, projeto em que eu estava na época, precisou se ajustar com agilidade ao modelo online de produção de nossos produtos educacionais. Além de reestruturar os processos, eu cuidava do relacionamento com nossos alunos pessoalmente, para ajudá-los a passar por aquele momento difícil. A mesma pressão me apertava de todos os lados, em quantidade ainda maior do que em 2011.

Cheguei ao limite da exaustão, mas não me permiti ir até o mesmo local emocional de 2011. Apesar de estar no auge do estresse, o impacto se tornou mais físico. Sentia dores de cabeça e no trapézio. Reconheci os sintomas do corpo, então executei o mesmo processo que aprendi até agora: me relembrei do meu sonho, reestruturei minha rotina, meditei, intensifiquei a análise (terapia) e me lembrei de que eu precisava cuidar de mim para cuidar de outras pessoas.

A vida não deixa de ser estressante porque você adquire Inteligência Emocional. Não vivemos em um filme da Disney. Contudo, somos capazes de afrouxar as amarras da mente que nos impossibilitam de ver três palmos à frente, que nos seguram no lugar e nos impedem de continuar.

Eu estou em constante desenvolvimento até hoje; vivo diferentes desafios com os quais não me deparei antes. Alguns mais difíceis. Outros um pouco mais simples. Ainda assim, independentemente do tamanho do problema, eu sei como encará-lo. No fim das contas, o segredo é descascar abacaxis, fatiá-los em pedaços pequenos e pôr em prática uma ação de cada vez, sem tirar os olhos do prêmio final.

Tendo em mente que buscar o equilíbrio é o principal pilar para se manter no caminho para uma carreira de sucesso, cheguei à conclusão de que há quatro pilares principais para buscar a harmonia entre você, seu sonho e todo o estresse que vem junto com o jogo corporativo. Falaremos mais sobre isso no próximo capítulo.

CAPÍTULO SETE
OS 4 PILARES

É desafiador lidar com a nossa imaturidade no início da carreira, tendo que saber como se comportar em empresas de estruturas mais horizontais, cada vez mais comuns nos dias de hoje, progredindo, mas sem exaurir nossa mente e nosso emocional no meio do caminho.

Durante nossa jornada, podemos facilmente nos perder, sem saber o que é saudável para o futuro. Então, sugiro um olhar especial aqui ao conceito de Liderança Inteligente. Apresentarei a seguir os aprendizados e exemplos que desenvolvi sobre liderança durante minha trajetória profissional.

Assim como o livro do Bernardinho se tornou um guia para mim, e para ele eu volto a olhar até hoje quando preciso me guiar pontualmente sobre um assunto, espero que este livro, mais especificamente este capítulo, sirva a você com o mesmo propósito.

Compartilho com você esse aprendizado, para que ele possa ser aplicado à sua vida profissional. Existem lições que não são ensinadas nas universidades. Você é que precisa construir e extrair esse aprendizado.

Vivi muitas transformações em relação ao mercado de trabalho, ao tema das mulheres nesse contexto, à liderança, ao empreendedorismo e ao intraempreendedorismo, e todos esses temas me causam várias reflexões. Estamos vivendo algo nunca visto na história do mercado de trabalho: várias gerações atuando juntas, dividindo responsabilidades e opiniões. Tudo isso, somado ao avanço tecnológico, faz coexistir diferentes tipos de comportamentos e visões de mundo. Você pode se destacar ao aprender a lidar com esse choque de gerações no ambiente de trabalho, não importa qual a sua geração.

Entendi, com o tempo, que cada ser humano carrega diferentes dificuldades e dores, mas todos têm algumas necessidades em comum — pertencer é uma delas, porque somos seres sociais, e o nosso cérebro também é. Nossas decisões são muito mais emocionais do que imaginávamos até pouco tempo atrás.

Em alguns momentos, nosso instinto de pertencimento tende a ser tão forte, que podemos faltar com a verdade: é possível sermos influenciados por algo externo para que não sejamos excluídos do contexto. Se, para sermos aceitos, entendermos que devemos ter a opinião parecida com a da maioria, facilmente poderemos seguir os demais, deixando de lado a nossa verdadeira opinião. Tudo em nome de pertencer a um grupo.

Nos tempos longínquos da evolução dos seres humanos, o homem, diante de um ataque, não tinha tempo para avaliar uma sombra assustadora. Não era possível pensar com calma antes de agir. Talvez fosse um inofensivo galho de árvore, talvez um urso perigoso. Era preciso apenas correr, sem tempo para se comprometer profundamente com uma análise de dados antes de reagir. Não havia tempo de analisar e perceber se, de fato, era um galho ou um urso: só se pensava em correr para não morrer.

Sendo assim, sabemos, por aspectos evolutivos e instintivos, que tendemos a tomar decisões rápidas, poupando energia do cérebro em nome da sobrevivência. Tais decisões muitas vezes são tomadas com base em uma verdade parcial ou incompleta. Esse tipo de decisão automática funciona como um atalho para o cérebro. São decisões tomadas pelo nosso sistema emocional, influenciadas por episódios anteriores, medo, demais emoções envolvidas e situações externas.

Diferentemente, as decisões tomadas pelo sistema racional, baseadas em fatos e dados, em situações mais complexas e maiores, exigem muita energia do cérebro. No geral, ambos os sistemas, emocional e racional, trabalham em conjunto. Dificilmente há apenas um sistema funcionando e, por conta dessa mistura, muitas vezes temos crenças preconcebidas, que funcionam como atalhos para tornar o dia a dia mais fácil. Somos preguiçosos para pensar e, por isso, fazemos uso de atalhos de decisão e pensamento. Poupamos energia ao fazer isso. Com base em tais crenças preconcebidas, podemos fazer escolhas certas ou equivocadas.

E qual é o papel das empresas nesse cenário? Justamente por ser um ambiente naturalmente diverso, sobretudo por ter gerações, ideias e pessoas diferentes — e estimular o pensamento racional de todos em pró de um bem comum, elas devem ser ambientes que favoreçam a inclusão, a construção do senso de pertencimento e o senso de tribo para os seres humanos, além de favorecerem a realização e o estabelecimento de um propósito. Com a importância da diversidade de todo tipo, presente e crescente no ambiente corporativo, cada vez mais faz-se necessário estabelecer uma comunicação empática, mantendo a convivência sadia e produtiva no trabalho.

Finalmente, entendeu-se a riqueza de um ambiente diverso para inovação, geração de conflito produtivo, resolução de problemas e evolução de todos que fazem parte do contexto.

Lembro que, por muitos e muitos anos, usei terninho para me sentir pertencendo ao mercado corporativo financeiro, que predominantemente é masculino e conservador. Precisei me fazer ser vista, em consonância com o contexto e focar a entrega de resultados. Sempre achei que, dessa forma, eu estaria abrindo espaço para mais e mais mulheres. Os indicadores de resultados e as metas de desempenho atingidas sempre foram minha melhor "voz" e ferramenta para abrir espaço para mais mulheres. Outra ferramenta que utilizei muito foi a estruturação e formação dos meus times.

Era uma constante para mim dar espaço para mulheres fortes e guerreiras, muito comprometidas em entregar resultados e que só precisavam de uma oportunidade para mostrar a que vieram. Afinal, foi assim que me abriram as portas também na XP. Com isso, foi possível criar espaço para outras mulheres ao longo da jornada.

A linguagem do contexto, na época, era esta: lute com as armas disponíveis e, com elas, vença as novas batalhas que virão. A luta pode ocorrer de diversas maneiras: às vezes, será silenciosa e estratégica, mas com muitas atitudes voltadas a fazer as pessoas ao redor perceberem o que precisa ser visto, por meio do ângulo pelo qual estão prontas no momento. Às vezes, as palavras podem assustar mais do que abrir espaço — tudo depende, de novo, de leitura inteligente de contexto.

Tenho certeza de que a XP de 20 anos atrás não estava pronta para a discussão sobre a importância das mulheres no ambiente de trabalho. Não surtiria o efeito necessário. O mais importante era representar as mulheres entregando alta performance e trazendo mais aliadas ao contexto, pouco a pouco.

O que sei é que, hoje, a mulher vem ocupando cada vez mais espaço na XP, no mercado financeiro e nas diferentes posições profissionais, e cada vez mais em cargos de liderança, tendo espaço para agregar valor e complementar equipes, justamente por suas diferenças. Vejo como houve uma transformação conceitual e prática. Foi muito interessante ter vivido esse movimento. E hoje esse é, inclusive, um tema abraçado pela empresa, com metas claras e definidas sobre o aumento da participação das mulheres em posições de liderança, porque, sim, ainda há muito o que avançar.

A própria XP viveu seu aprendizado: ela precisou passar por esse movimento de ler o contexto para depois conquistar seu espaço. Foi uma caminhada passo a passo rumo à transformação e à inovação para, só então, tornar-se influência e referência para novos *players*, depois de muitos anos sendo tachada como "uma empresa de moleques", porque éramos ousados e estávamos promovendo uma disrupção ao trazer à tona o que os grandes bancos nunca tinham tratado com clareza e transparência: a verdade sobre investimentos, acesso à informação e educação financeira.

Ao longo dos anos, conheci muitas pessoas qualificadas, de várias gerações, que deixaram de lado a leitura de contexto; por conta disso, não conseguiram somar suas habilidades e intenções ao mercado de forma prática, perene e agregadora.

*

Falei muito de Liderança Inteligente até aqui, mas ela não anda sozinha: está no nível do preparo mental — não é somente isso que nos permite correr a maratona em vez de uma corrida de cem metros.

Durante minha carreira, agrupei quatro pilares que me guiaram enquanto profissional, e me guiam até hoje. São eles: mente, corpo, espírito e finanças. Separadamente, são componentes poderosos, mas, juntos, formam uma verdadeira muralha para as adversidades.

Vamos a eles.

MENTE

A mente é a regente da orquestra, ela lidera todo o processo profissional e emocional. A construção da caminhada requer uma mente preparada e trabalhada. Aqui encontramos a Liderança Inteligente — e sabemos que essa liderança é individual, uma autogestão.

Quem sabe gerenciar os próprios sentimentos e vivências consegue se inserir com muito mais personalidade e autenticidade em qualquer ambiente novo.

Para adquirir Inteligência Emocional, reconheci três pontos importantes:

Autoconhecimento: quem se conhece, sabe seus limites e sabe como se expandir, como mergulhar em águas profundas. O raso, como já falamos, não satisfaz pessoas que buscam o autoconhecimento.

Ego devorado: no mercado corporativo, o ego é rei. É ele também quem torna esse negócio cansativo. As pessoas vivem focadas no ego, o que deixa o ambiente de trabalho muito mais pesado. Percebi muito cedo que não conseguiria fazer as pessoas se libertarem de seus egos — eu só tinha controle sobre o meu. Busquei sempre devorar/engolir meu ego e mastigá-lo, sem deixá-lo me dominar. O Método dos Esforços relembra que é necessário se esforçar para ganhar tempo e fazer seu Sonho

Grande acontecer. O seu ego precisa estar amansado e ser deixado de lado sempre que possível. Ego inflado não constrói, mas destrói e sabota — e, no fim, só você sairá perdendo.

Gerenciamento emocional: há algumas características que fazem parte do seu aspecto emocional no ambiente de trabalho. Esse é um ponto crítico de atenção, porque muitos caem nas próprias armadilhas mentais, mesmo quando a solução está logo ali, diante do seu próprio nariz.

Durante mais de 20 anos de experiência no mercado de trabalho, desenvolvi boas práticas de inteligência emocional e social no ambiente profissional, são elas:

Planejamento: aprendi a planejar para ter o suspiro e o respiro entre um desafio e outro, que nos mantêm focados no Sonho Grande. Você precisa se planejar e construir sua sistemática para se manter vivo no jogo e executar, de fato, seus planos.

Organização e pensamento estruturado: sempre pense em itens e subitens. É como arquitetura da informação. Ter um pensamento estruturado e uma execução estruturada faz você deixar um legado de maneira mais fácil. É muito simples acabar meu trabalho, desligar o computador e ir para casa, porque eu conheço meu trabalho. Mas é mais penoso trabalhar e documentar o que foi feito, para que a próxima pessoa (a que vai me substituir, ou os novatos da empresa) saiba exatamente o que está acontecendo, sentindo-se amparada, podendo dar continuidade ao serviço, ao invés de começar do zero, aumentando as chances de aperfeiçoamento e evolução dos processos (na sua área), visando ao legado da companhia. Espertos, rápidos e humildes, esses são os que aprendem com tudo que vivenciam e com as experiências dos outros também!

Tempo como uma entidade: tanto o meu tempo quanto o do outro. Valorize o seu tempo, organize suas pendências. Não perca o tempo que está previsto para o seu horário de foco determinado. Evite atrasos desnecessários. Lembre-se do seu cliente como alguém que merece sua atenção e cuidado. Volte sempre aos princípios do autoconhecimento.

Férias: elas são essenciais para recalibrar energias. É minha obrigação tirar férias. Se eu não o fizer, minha equipe e minha empresa vão sofrer as consequências, porque não terei saúde para me sustentar mental e fisicamente. Não é fácil se desligar nas férias, mas, se você não tentar, vai comprometer sua saúde em prol de um futuro que sequer conseguirá aproveitar. E digo isso porque conheço muitas pessoas no mercado que dizem com orgulho que não tiram férias. Férias são uma afronta a um *status quo* do mercado. Não se orgulhe por não descansar, porque, no fim, a conta vai ser cobrada.

Mindset de recomeço: não há histórico que proteja alguém por completo. Se você já criou 4, 5, 10 áreas, então precisará continuar a criar a 11ª. Renovar-se é uma característica imprescindível para o profissional qualificado, como falaremos melhor no Capítulo 9.

Filtro de julgamentos e feedbacks: você precisa saber lidar com o *feedback*. Essa é uma parte natural em qualquer ambiente de trabalho. O retorno dos seus colegas pode ajudar você a enxergar atitudes e características suas não percebidas anteriormente, como aconteceu comigo em relação ao meu antigo colega, que fez papel de líder e mentor, o Nilton, ao me contar que eu fazia 100 ligações ao dia e me entregar o início da fórmula do meu método de trabalho. Mas saiba filtrar se o *feedback* não fizer sentido para você! E está tudo bem.

Pensar antes de agir: ao chegar a um ambiente novo (um trabalho, uma equipe ou uma área diferente), entenda como é o ambiente físico. É um local onde as pessoas se sentem acolhidas? Qual a impressão que ele passa? Conheça o que está em volta de você antes de agir.

Ser funcional: agregando valor e resolvendo problemas.

Ter visão de negócios: lembre-se de que, no mundo corporativo, estamos construindo um negócio. Ter essa noção apurada, seja qual for a sua função, pode fazer toda a diferença. Pense sempre: como você contribui para a construção da sua empresa com seu trabalho, estilo e suas competências?

Visão de contexto: é preciso entender exatamente o ambiente em que você trabalha e como as pessoas ao seu redor funcionam. É o que chamamos de visão de contexto. Para adquiri-la, é necessário...

Entender que o contexto é sistêmico e que tudo está conectado: se a equipe de tal empresa funciona daquela maneira, é porque existe uma cultura. Qual é a cultura do lugar que você está analisando?

Apesar de parecer ser muita coisa para absorver, note que todos os pontos acima são conectados. Não é possível ser um líder inteligente sem competências internas (Inteligência Emocional) e externas (Visão de Contexto).

Uma mente afiada, pronta para se colocar numa posição de análise e humildade, é aquela que pode guiar uma equipe e uma empresa ao sucesso. Lembre-se de que o mundo está cheio de pessoas muito competentes, mas nem todas são capazes de entregar seu potencial completo, porque lhes falta inteligência emocional e visão de contexto. Esse pode ser o seu diferencial, e, em um mundo de trabalho cada vez mais horizontal, essas são as competências mais valorizadas.

No dia em que estava vivendo o caos para chegar ao IPO da XP em Nova York, precisei de uma mente forte e resiliente para me lembrar das minhas prioridades, do que me aguardava. Enquanto eu aceitava trabalhos não remunerados para me profissionalizar e ganhar experiência, precisava ter foco no futuro, com uma visão ampla de que cada ação minha tinha uma consequência dali a algum tempo para o meu objetivo final.

CORPO

Durante vários momentos da minha jornada, abandonei meu corpo. É exatamente como abandonar as férias. Eu só percebia a bobagem que havia feito depois de passar meses sem me alimentar direito ou me exercitar.

Eu não tinha tempo e abandonava os exercícios, porque achava que era importante abrir mão do meu tempo na academia para estar com clientes. O pensamento era lógico: se eu posso passar mais tempo convertendo prospecções em clientes, por que ir correr na esteira? Não! Esse tipo de pensamento não pode guiar sua vida, ainda mais quando se trata do cuidado com seu corpo — que se reflete diretamente na relação com sua mente.

Mente e corpo devem estar alinhados. Em algum momento a conta vem, e você não quer estar do outro lado, sofrendo pelo que poderia ter sido evitado se tivesse separado apenas 30 minutos por dia para cuidar de si mesmo. O *burnout* que sofri veio de um desalinhamento entre mente e corpo: eu me exauri ao máximo e meu corpo decidiu cobrar por isso.

Assim como o autoconhecimento emocional é necessário para uma mente sã, conhecer seu próprio corpo é elevar-se a uma vida saudável e mais propensa a alcançar seu Sonho Grande.

ESPÍRITO

Antes que você pule esta etapa por pensar "eu já sei como é meu perfil espiritual", tire um tempo para ler com calma e refletir.

Para mim, sempre houve espiritualidade na minha vida. Tudo por causa da minha mãe. Ela faleceu de câncer em um intervalo curto de tempo. Após o diagnóstico, foram dois longos mas curtos meses até que ela fizesse a sua passagem.

Não há dor maior do que ver alguém que você ama batalhar contra o câncer, ainda mais quando ele é agressivo, como o da minha mãe. E eu não teria conseguido aguentar a passagem dela se não fosse pelo suporte espiritual, que ela própria incentivou em mim desde criança.

Depois que minha mãe se foi, passei a encarar o espiritismo com mais atenção. Hoje em dia, vou com frequência ao centro espírita, leio e estudo a doutrina, ainda como uma simpatizante em busca de aprofundamento. Tudo isso colabora mais com o meu autoconhecimento, pois traz reflexão sobre minha existência.

Quando eu era criança, minha mãe me ensinou a escrever meus pedidos e, em oração, colocá-los como bilhetinhos dentro da Bíblia, pedir com fé e visualizar tudo como se já estivesse se realizando! Ela sempre fez questão de salientar isso. Peça e agradeça. Verbalize para o Universo, para Deus, o que você quer e aquilo com o que sonha. Visualize. Trabalhe e estude ("Isso ninguém tira de ti", ela dizia), que Ele vai te ajudar!

Você pode conversar com a força espiritual que faz sentido para você, ao contrário do que o mercado de trabalho pode fazer parecer. A religiosidade não o torna mais fraco ou passivo. Na verdade, entrar em contato com o seu lado espiritual é algo que auxilia a devorar seu ego, pois o espiritual nos faz lembrar que somos como um grão de areia em meio a tantas forças e energias maiores. Não somos nós os maiorais. E essa é uma perspectiva realista.

Na guerra dos egos, todo mundo se acha Deus. Esse tipo de mentalidade é a ruína de muitos; é a trava que os impede de se reinventar, de se conectar com as pessoas e com o mundo ao seu redor.

Independentemente da sua religião — quer você tenha uma, quer não —, a meditação é uma ótima maneira de respirar fundo e se reconectar consigo mesmo — ou com o que você acredita que exista no universo.

De monges budistas a santos católicos, como Santo Inácio de Loyola, a meditação é fortemente encorajada para afastar os ruídos do dia a dia e se conectar, através da respiração, com a paz interior.

A meditação ajuda nas situações de estresse, visto que favorece o desenvolvimento do controle cognitivo. Em outras palavras, ajuda-nos a direcionar a atenção, evitando distrações; melhora o controle dos impulsos; promove maior facilidade para tirar, em nome de objetivos de longo prazo, o foco das gratificações imediatas; e desenvolve resiliência e "prontidão ao aprendizado".[13]

O autoconhecimento, de forma geral, trouxe para mim maior compreensão e preparo para lidar com as emoções, entendendo meus limites, meus pontos fortes e aqueles a desenvolver. Certa vez, fiz um curso de liderança focado em autoconhecimento, cujo escopo era provocar e trabalhar quatro das seis emoções básicas do ser humano — raiva, medo, alegria e tristeza.

Como você lida com seus próprios sentimentos? Eles dominam você facilmente? Você tem segurança para separar emocional e racional?

---

13 GOLEMAN, D. *Inteligência social: a ciência revolucionária das relações humanas*. Rio de Janeiro: Objetiva, 2019. 472p.

Se pensarmos que a meditação diminui o estresse e a ansiedade, aumentando o potencial e o controle cognitivo, a concentração e a atenção direcionada, podemos compreender melhor que o espiritual não está tão distante assim do mental.

Isso significa dizer que a meditação pode ajudar você a colocar a sua atenção no que quiser, a ignorar as distrações, a ter maior controle diante dos impulsos e a aceitar e a lidar bem com o atraso de uma gratificação imediata, em nome de objetivos futuros.

A meditação ajuda a desenvolver prontidão ao aprendizado e resiliência! Você pode tê-la como aliada para trabalhar todos os pilares que vimos até agora.

Pesquisas recentes das neurociências, através da observação de imagens do cérebro de pessoas que meditam de forma recorrente e oram da mesma maneira, chegam a confundir os resultados quanto ao benefício das duas ações, tamanha a semelhança de seus efeitos nas movimentações cerebrais.[14]

A meditação é uma das maneiras de gerir o que você sente e de desdobrar, em pequenas caixinhas, sensações e pensamentos que podem afligir sua mente durante uma rotina corrida.

Por isso, meu convite é para que você abra margem para a espiritualidade como parte da estabilidade entre mente, corpo e espírito.

---

14 AGUIAR, P. R. D. C. de. *Meditação: conexões médico-espíritas*. AME-Brasil. 2020. Livro digital.

FINANÇAS

Sempre fui cuidadosa com o dinheiro. Disciplinada e focada. Desde cedo, sabia o que eu buscava. Princípios básicos, como acumular (gastar muito menos do que se ganha) e investir o que sobra, já faziam parte do meu dia a dia antes de chegar à XP. Eu até invertia a conta, investindo primeiro e organizando meus gastos para caberem na "sobra", sem importar quanto eu ganhava de bolsa-estágio ou salário.

Amigos chegavam a dizer que eu era a pessoa mais disciplinada financeiramente que conheciam. Ser disciplinada me foi totalmente útil, pois permitiu o acúmulo de capital com a visão de renunciar a certos prazeres imediatos, pensando no futuro. Mas também me lembrava de aproveitar de tempos em tempos o momento presente, porque a vida não é feita apenas do acumular.

Se você ainda não está cuidando desse pilar, comece agora. Nunca é tarde para começar. O importante é ter consciência dessa importância, praticando a disciplina e contando com um alvo para atingir, de modo que isso lhe dê prazer ao sentir que está construindo esse plano, porque ele é sinônimo de liberdade.

Por isso, avalie seus planos para o futuro. Entenda como você tem gastado seu dinheiro.

Dentro da sua rotina, quais gastos podem ser convertidos em investimentos? O que você pode deixar de lado ou que gastos podem ser diminuídos para investir no seu futuro?

Há alguma atividade extra que possa gerar renda?

A criatividade é rainha nesses momentos. Há muitos materiais na internet que podem ajudar na organização financeira, da mais básica à mais complicada. Algumas referências mais imponentes no mercado hoje em dia seriam Primo Rico, Papai Financeiro, Me Poupe! e Nath Finanças. São pessoas que conversam com diferentes tipos de público. Você só precisa conhecer as abordagens e buscar as que mais fazem sentido para você — e para o seu Sonho Grande.

Considero importante a existência de certa harmonia entre os quatro pilares para obter uma vida saudável, embora não acredite em total equilíbrio. Já oscilei muito entre eles. Ora um estava mais em ênfase, ora outro, mas, no saldo geral, consegui dar atenção a todos ao longo da caminhada — nem sempre a todos concomitantemente como deveria. Mas, com o tempo, fui aprendendo a me distribuir um pouco melhor entre eles.

Espero que este livro ajude você a perceber se algum pilar está carente de atenção, para que possa, então, dedicar-se a ele com mais ênfase. Não precisa dar uma atenção perfeita a todos os pilares. Basta prestar atenção!

A conexão entre mente, corpo, espírito e finanças é essencial não somente no âmbito pessoal, mas também no trabalho na área de vendas. Precisamos buscar o cuidado com esses 4 pilares, porque lidamos com pessoas diariamente no trabalho e na vida pessoal, além de lidar também conosco.

É muito fácil abrir mão da perspectiva maior porque estamos sobrecarregados por todo o resto, exatamente como aconteceu comigo — o que me levou ao *burnout*. É possível evitar a mesma armadilha na qual eu caí; por isso, colocar na balança como sua vida tem se equilibrado em relação a esses pilares é uma ferramenta imprescindível na prática do Método dos Esforços e em como gerenciar O *Mínimo Esforço*.

CAPÍTULO OITO

10 PRINCÍPIOS PARA A LIBERDADE FINANCEIRA

O *Mínimo Esforço* visa dar liberdade a você para ser o proprietário do seu próprio destino. A liberdade financeira é uma dessas maneiras.

Há alguns anos, estava em Florianópolis para uma edição da Expert XP, maior festival de investimentos do mundo. Lá encontrei um antigo cliente meu que assistia às minhas palestras em Porto Alegre, mesmo morando em Santa Catarina. Ele viajava para lá sempre para visitar a família e aproveitava para adquirir mais conhecimento sobre o mercado financeiro. Com base nessas palestras, ele passou a investir, a olhar para os investimentos com mais atenção e cuidado.

Quando o encontrei, muitos anos depois de termos sido apresentados, vi ao seu lado um garoto jovem, com aquele brilho nos olhos de quem tem muito a conhecer sobre a vida. Era o filho dele, Matheus. Meu cliente sorriu e disse:

— Sabe por que a gente está aqui? Porque eu quero deixar para o meu filho o legado financeiro que você deixou para a nossa família.

A emoção que se apossou de mim foi como uma onda. Matheus estudava Medicina e queria ser ortopedista. Apesar de ser uma carreira naturalmente promissora do ponto de vista financeiro, o foco do meu cliente não era só que Matheus tivesse um bom trabalho, e, sim, que ele fosse *livre* financeiramente, assim como ele passou a ser com o cuidado de suas finanças.

O que estava acontecendo diante de mim era a formação de um legado, de alguém que, sendo livre, não conseguiu deixar de querer o mesmo para quem viria depois dele.

É o que eu quero para você, leitor: deixar um legado de liberdade financeira, para que você possa aproveitar o melhor da vida sem se preocupar ao pensar se no mês seguinte estará no vermelho ou não.

Refletindo ao longo da construção deste livro, consegui elencar 10 princípios fundamentais na caminhada para a sua liberdade financeira. Compartilho a seguir a consolidação dos meus aprendizados até aqui. Se algo for útil para você, um item sequer, já valeu a pena o tempo que dediquei.

1) FAÇA SUA AUTOANÁLISE DE CUSTO MENSAL

Você sabe qual é seu custo mensal? De quanto precisa para viver hoje? E para viver sua vida livre? Se não sabe, precisa saber com precisão.

Enquanto você não obtiver essa informação, não está, de fato, fazendo um planejamento de liberdade financeira nem gerenciando sua vida!

Por isso, coloque tudo no papel ou Excel. Veja quanto gasta e como esse dinheiro é distribuído, até nos pormenores. Desde aquele café que você compra todo dia, que pode estar contido em um item diverso do dia a dia, até gastos aleatórios nos últimos meses. Inclua também aqueles boletos que você paga no início do ano com desconto, como o IPTU ou IPVA. Eles devem ser diluídos mensalmente na sua planilha de despesas (1/12 todo mês).

2) APÓS ELABORAR A GESTÃO DAS SUAS FINANÇAS DE FORMA GERAL, PENSE EM DISTRIBUÍ-LAS NAS CAIXINHAS (AS PORCENTAGENS SÃO APENAS UMA SUGESTÃO)

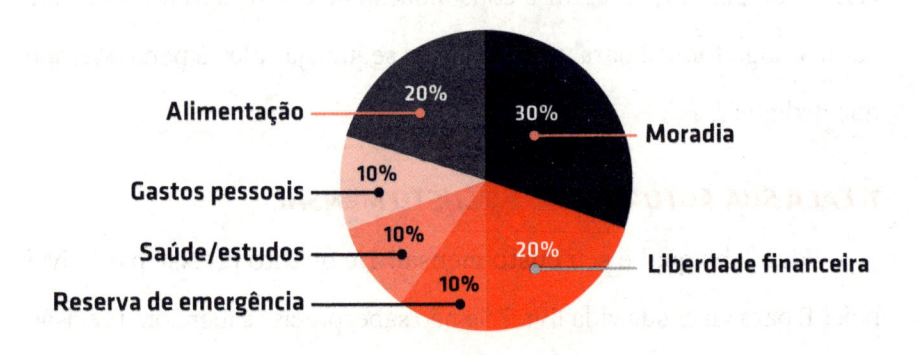

- Alimentação — 20%
- Gastos pessoais — 10%
- Saúde/estudos — 10%
- Reserva de emergência — 10%
- Moradia — 30%
- Liberdade financeira — 20%

É totalmente válido relembrar que tudo é adaptável. Por vezes você pode gastar mais com saúde e menos com alimentação, ou mais com estudos e menos com moradia. A sugestão que trago é uma estimativa básica de como os gastos podem ser distribuídos. Evite se comparar com os outros ao seu redor nesse caso, porque sua rotina é unicamente *sua* e precisa de uma análise consciente.

3) SEJA O MELHOR AMIGO DO SEU TEMPO

Um dos meus livros favoritos quando era líder de equipes tem o título *Vá direto ao assunto: 100 regras para se tornar mais produtivo e recuperar o tempo perdido*,[15] de Stuart R. Levine. Nele, Levine mostra como

---

15 LEVINE, S. R. *Vá direto ao assunto: 100 regras para se tornar mais produtivo e recuperar o tempo perdido*. Rio de Janeiro: Sextante, 2009. 157p.

a produtividade é afetada quando enrolamos e desperdiçamos o nosso tempo e o de quem trabalha conosco.

Parte do passo para a sua liberdade financeira é entender que, quanto mais cedo você alcançá-la, melhor. É aqui que o papel do tempo se torna crucial. Afinal, acumular riqueza é uma combinação de tempo, rentabilidade e disciplina.

Além de refletimos sobre a administração individual do tempo, se você trabalha em equipe, vale observar, sob outro ângulo, como aproveitar o tempo de trabalho para gerar mais produtividade.

Após ler o livro de Levine, selecionei 50 das 100 regras e as levei para meu time de assessores. Expliquei a teoria e as regras; então, passamos a aplicá-las juntos.

4) REFLITA SOBRE A COMPRA DA CASA PRÓPRIA

Há todo um *frisson* em relação à aquisição de um imóvel próprio. Faz parte da nossa cultura; é um status que comprova sucesso e realização. Mas talvez você possa adiar um pouco mais esse sonho para garantir sua independência e liberdade financeira.

Adquirir um imóvel próprio é um caminho quase sem volta, porque fixará você no local e trará uma série de custos-fantasmas que não podem ser previstos, então você passa a ficar mais engessado e mais pesado financeiramente.

Além disso, se o imóvel não for comprado à vista, saiba que haverá custos caros com juros e taxas de crédito, o que pode prolongar em vários anos a distância até sua liberdade financeira.

Mas como saber se você está pronto para adquirir o imóvel próprio? Idealmente, se você tem esse sonho, deveria reservar uma das caixinhas da gestão de finanças para a aquisição da casa própria (neste caso, no princípio 2 anterior, quando dedicamos 30% à moradia, lá deveria estar contido o item "compra da casa própria" também), de modo que ela não brigue com o sonho da liberdade financeira e que, de preferência, não reduza o montante reservado à liberdade financeira. Mais idealmente ainda, o correto seria efetuar essa compra tendo a reserva do valor para pagar à vista, sobretudo em cenários de juros altos como o do Brasil.

Mas, se isso não for possível, tenha pelo menos de 20 a 30% do valor do imóvel para dar de entrada (em caso de financiamento). Cuidado para que a soma dos seus gastos com moradia não ultrapasse 30% de seus ganhos (como sugerido no princípio 2, incluindo parcela do financiamento, custos de manutenção e despesas gerais, que envolvem moradia, como água, luz, gás etc.). Preferencialmente, se possível, faça escolhas de compra que durem pelo menos 10 anos, para que você possa diluir um pouco mais o peso dos custos no tempo.

5) ATENTE A CARTÕES DE CRÉDITO, CONTAS BANCÁRIAS E LINHAS DE CRÉDITO

Quanto menos dos itens acima você tiver, melhor! Trabalhe com um ou dois cartões de crédito, no máximo, fazendo uso consciente deles — ou seja, pague a fatura na íntegra, no vencimento.

Lembre-se de que o cartão de crédito, como o próprio nome diz, é uma linha de crédito. Você está tomando crédito e, se não pagar no prazo, quitando o valor total, sofrerá a cobrança de juros.

A questão-chave são os juros de 14% no mínimo, o que é muito alto. Se a fatura não for totalmente paga, essa dívida se tornará uma bola de neve que pode sufocar você e acabar com seu plano de liberdade financeira.

Mantenha-se longe de financiamentos, a menos que a taxa de juros seja baixa (menos do que 5% ao ano, que seria razoável) ou que o bem adquirido seja essencial para gerar mais renda.

Existem raras situações em que ter uma linha de crédito pode compensar manter a dívida e deixar seus investimentos aplicados — isso ocorre caso o investimento esteja rendendo mais do que o crescimento da dívida. Ou seja, a taxa de rendimento é maior que a taxa de juros comprometida.

Se você tem muitas dívidas, vale sempre pensar na renegociação, buscando trocar a taxa contratada por taxas menores. Você também pode e deve procurar reduzir e pagar primeiro a dívida com taxa mais alta de juros.

Tenha também o menor número possível de contas bancárias, a menos que seja necessário ter mais de uma para receber salários ou pagamentos, ou ainda por alguma necessidade especial. Evite gastos com manutenção de contas bancárias: eles ficam embutidos e você não sente o impacto imediato, mas, ao somar e avaliar, verá que eles levam boa parte de seus rendimentos.

6) APLIQUE O MÍNIMO ESFORÇO

A partir daqui, entramos no Método. Por isso, defina os números que conversam com sua liberdade: Quanto você vai investir mensalmente? Em quantos anos você vai alcançar a realização do seu plano? Você planeja viver com qual renda mensal vitalícia? São informações importantes que você precisa definir e simular.

Na hora do planejamento, um bom número para mirar pode ser ter investimentos girando em torno de **25 vezes o seu custo anual para chegar à sua liberdade financeira.** Use esse número apenas como uma referência. Mas também se pergunte qual valor você busca ter como renda mensal vitalícia oriunda de seus investimentos. Questione se você gostaria de ter valores mais altos de despesas mensais quando chegar à liberdade financeira. Mas veja como sempre o ponto de partida é o seu levantamento mensal de despesas.

De posse do seu levantamento mensal de despesas, você também pode aprimorá-las, cortando o que é desnecessário, visualizando oportunidades de ganhar mais, imaginando em blocos suas maiores concentrações de gastos, a fim de gerenciar a situação de modo que ela converse cada vez melhor com o seu plano de liberdade financeira.

Quanto você está disposto a investir mensalmente?

A qual rentabilidade colocará esse dinheiro para render?

Quantos anos de construção tem o plano?

Quantos anos de usufruto tem o plano? Ou será um plano vitalício (viver da renda produzida do montante acumulado, sem consumir o valor principal)?

Quanto renderia seu dinheiro acumulado na fase de viver de renda?

Para te ajudar nesta construção, preparei um simulador do teu sonho de liberdade financeira, que vai te ajudar a construir estes cenários, até encontrar o ideal para teu cenário. Entre no link e faça uma simulação de uma vida financeira livre!

ominimoesforco.com.br/simulador/

7) INVISTA DE 10% A 30% DO QUE VOCÊ GANHA

Entendo que seja um tema polêmico, especialmente para aqueles que recebem o suficiente para se sustentar e quase nada além disso. A estimativa de 10% a 30% visa justamente uma adaptação conveniente à sua realidade. Independentemente de quanto você ganha, é importante investir, porque não se trata de ganhar muito ou pouco, e sim de priorizar.

Pense sobre seu trabalho: O que você ganha é compatível com suas capacidades? Há maneiras de se especializar mais e buscar trabalhos com melhor remuneração? Na sua rotina há algo que possa ser cortado por um tempo, a fim de ser investido? Tenha em mente que pode ser uma medida temporária ou não.

Para mim, por exemplo, seria inegociável abrir mão da academia. Mas, se eu precisasse, talvez fazer exercícios em casa economizasse parte do dinheiro gasto com o ambiente da academia em si por um ano. Tudo é questão de perspectiva e análise.

Às vezes, no fim do mês, logo quando comecei a trabalhar na xp, sobravam 50 reais na minha conta bancária, e eu os investia. Não eram "só" 50 reais e sim parte do meu futuro. E não importava se sobraram 50, 40 ou 10 reais — ainda assim, ia tudo direto para o meu "fundo de aposentadoria ou plano de liberdade".

Talvez eu poderia ter usado esse dinheiro para comprar uma maquiagem de qualidade, um livro ou um jantar caro. Naquele momento, sabia que a minha prioridade era minha futura aposentadoria, então renunciei a um prazer momentâneo por ele.

É mais fácil abrir mão de prazeres imediatos quando se tem perspectiva.

Outra questão importante é, se você não sabe no detalhe como investir, busque ajuda de profissionais que sabem, uma das profissões que mais cresceu nos últimos anos é a de assessoria de investimentos e junto com ela a democratização dos investimentos. Use este serviço para te apoiar, não use o não saber investir como desculpa para não poupar!

8) TENHA PARTE DO INVESTIMENTO EM UMA RESERVA DE EMERGÊNCIA, EM LIQUIDEZ IMEDIATA

É necessário, pelo menos, 6 meses da sua renda líquida disponíveis para retirada em caso de emergência. Não há uma regra rígida a respeito do valor da sua reserva, mas o ideal é buscar aquilo que traz conforto.

O importante é que você não pode fazer investimentos com liquidez comprometida, ou seja, que demorem mais do que 1 ou 2 dias para o dinheiro resgatado entrar na conta. Você precisa ser capaz de sacar aquele dinheiro facilmente, com a menor exposição possível ao risco.

A renda fixa com liquidez e o tesouro direto, por exemplo, são ótimos investimentos para sua reserva de emergência. Importante: você precisa saber quanto deve investir e quanto aquele investimento vai render. Atente-se aos juros: se são mais altos ou baixos, se há alguma retenção para retirada antes da hora etc.

Tome cuidado com as aplicações automáticas dos bancos, muitas vezes elas são cômodas, mas não tão rentáveis assim. É normal e faz parte que você terceirize o seu trabalho de refletir sobre escolhas de investimentos, mas busque quem tenha o mesmo interesse que você e seja especializado no assunto. Além disso, seja curioso sobre o andamento do trabalho, para ver como estão indo seus rendimentos. Faz parte do trabalho destes profissionais especializados lhe trazer relatórios periódicos, de forma simples e acessível, sobre como está evoluindo sua carteira. Você precisa estar ciente do que entra e sai da sua conta bancária. *Sempre*.

9) EXECUTE COM FOCO, PRAZER E DISCIPLINA

Feito o seu planejamento, você precisa executar o planejado. O plano se molda ao longo do tempo — não se refere a uma única aplicação na vida. Eu costumava primeiro investir o dinheiro que recebia, então vivia com o que sobrava, porque essa era minha prioridade.

A execução é parte essencial do processo, e à medida que você evolui na execução, após um determinado momento, começa a sentir que o plano está virando realidade de fato, você sente prazer ao fazer seus atos de economia e poupança, você está cada dia mais próximo da sua liberdade financeira.

Faça sua parte todos os dias, com foco e disciplina, e lembre-se, ninguém realiza o sonho de ninguém, você é responsável pelo seu.

10) ACOMPANHE PLANEJADO X REALIZADO

Monitore sua performance no planejado x realizado dos seus esforços mensalmente e avalie se está indo bem na direção do seu sonho — ou não.

Se precisar, reajuste a rota. Verifique se pode ser mais econômico, se pode ganhar mais, se pode fazer render mais o dinheiro, respeitando seu perfil de investimento. Esses são ajustes que você só consegue fazer se estiver se monitorando e se autorregulando. É comum o ser humano se enganar, acreditando que está fazendo o melhor pelo seu futuro financeiro, mas de forma prática, pode estar saindo da rota, por isso, a importância do acompanhamento. Sem ele fica mais fácil desviar o caminho e perder mais tempo até seu sonho.

CAPÍTULO NOVE

ESTOU NA JORNADA ERRADA, E AGORA?

O Método dos Esforços mostra ininterruptamente que recalcular a rota e ajustar o rumo não configuram algo negativo e, nesse processo, utilizar *O Mínimo Esforço* é necessário para alcançar seus sonhos.

Mudamos de ideia com o tempo, seguimos direções opostas às que imaginávamos no começo da carreira e uma infinitude de fatores podem nos colocar em caminhos diferentes do esperado.

Com o passar do tempo e com as experiências vividas na XP, me tornei uma referência no tema *carreiras* no mercado financeiro, especialmente na profissão de assessoria de investimentos.

Com meu trabalho no MBA da XP Educação, tínhamos foco em pessoas em fase de transição, como zootecnólogos, advogados, engenheiros e médicos que resolveram trabalhar com investimentos. Esse desejo parte normalmente de um apreço e gosto pelo tema.

Caso você seja uma dessas pessoas em busca de mudança de carreira, este capítulo é para você. O mundo está em plena e constante transformação, e sempre haverá oportunidades para aqueles que se movimentam em busca de acompanhar, com muita determinação, os novos caminhos que surgem todos os dias.

Há um ponto relevante quando falamos do mercado de vendas: qualquer um em qualquer pano de fundo pode ser vendedor, porque o vendedor usa seu próprio nome e seu contexto para trazer clientes. É uma profissão interessantíssima para quem está buscando mudança de vida, porque conta com uma transição mais suave, já que você não precisa começar do zero no que se refere a construir círculo social, a trazer clientes etc.

Durante meu período como líder de equipes na XP, conheci a Daniela Audino, que trabalhou comigo como assessora depois de 5 anos atuando em um grande banco. Nos primeiros anos no banco, ela aprendeu muito o lado *técnico* do trabalho de vendas, mas, com o passar do tempo, sentiu falta de estar conectada a um propósito e de trabalhar com pessoas que a inspiram e ajudar de fato as pessoas a investirem melhor para seu futuro.

Para ela, a principal mudança foi sair de um ambiente com muitas regras e processos para um com maior liberdade de construção. Ela precisou desenvolver a criatividade para prospectar clientes e se relacionar com eles, além de aprimorar sua resiliência para construir uma carreira que se refletisse em ganhos financeiros.

Ela percebeu que seu emprego no banco, mais "tradicional", não a satisfazia. Por isso, fez o movimento de mudar de carreira e seguir uma nova função. Dentro dessa adaptação, precisou entender o ambiente e analisar como o mercado financeiro na função de assessoria era muito diferente de trabalhar em um banco.

"O aprendizado técnico de banco e de xp foi importante para a minha carreira, mas vejo maior valor nas relações que construí e na mudança de mentalidade pela qual passei" — foi o que a Dani me disse quando promovi uma rodada de conversa com ela sobre o Método dos Esforços.

Eu gosto de tratar o tema da transição de carreira como um processo, assim como tudo na vida. E todo processo executado com excelência começa com um bom planejamento que atenda ao seu propósito de vida, respeitando-o e se comunicando com ele. Técnica sem mão na massa é só conhecimento ao vento, sem validade para a sua vida.

Sugiro, então, que tudo comece por um plano para alcançar seu Sonho Grande. A seguir, destaco alguns tópicos fundamentais para compor essa fase de planejamento, a fim de direcionar seu foco para a mudança de carreira.

FAÇA UMA AMBIENTAÇÃO PRÉVIA

Mergulhe, antes da transição, no ambiente em que você quer estar. Busque conhecer pessoas que fazem parte desse universo e procure entender mais sobre a rotina delas, seu verdadeiro papel e a missão desse tipo de profissional no atual contexto do mercado. Estude questões técnicas necessárias para a carreira. Siga e acompanhe nas redes sociais pessoas do meio — a internet está aí para ajudar. Há grupos de Facebook para nichos de profissionais, vídeos no YouTube, publicações no Instagram etc. Uma sugestão é também se dirigir a algum desses ambientes de trabalho para conversar com um profissional da área e pedir dicas de como começar no ramo, além de macetes da profissão clássicos de quem já é experiente, por aí vai.

Ao lidar com profissionais que já são do mercado, observe seus comportamentos — afinal, *soft skills* (habilidades comportamentais) são essenciais para qualquer vendedor, a despeito da crença corrente de que só as *hard skills* (qualidades técnicas) importam, especialmente no caso de uma transição de carreira.

Busque inspiração, conteúdos, leituras, aulas, cursos, livros, contatos. Isso é o que chamo de *ambientação*. Estando bem ambientado, fica muito mais fácil ter certeza da escolha e montar um cronograma de objetivos, ações e prazos para realizar a transição — seus próximos passos.

PREPARE-SE FINANCEIRAMENTE PARA A TRANSIÇÃO

Algo muito importante a considerar é o plano de viabilidade financeira para uma transição saudável. Esteja munido de um "pé de meia financeiro" para suportar a transição por pelo menos um ano. Seria uma reserva para que você possa dar o tempo necessário à sua nova carreira para lhe trazer frutos, especialmente sendo uma carreira com remuneração dependente de performance — comissão no lugar de um salário fixo. Como toda mudança e todo começo, você precisará ter humildade e paciência para entender que não se colhem bons frutos sem plantar e semear muito. Ao aliar a qualidade à intensidade, é possível reduzir esse prazo até a colheita. Seja disciplinado, focado, obstinado e preparado.

Se você for um vendedor autônomo que está na transição para abrir sua própria microempresa, a organização financeira é imprescindível. Entenda quanto dinheiro você precisará investir para conseguir pagar a documentação correta e os impostos necessários para a transição, por exemplo.

Se você trabalha em uma empresa, mas quer ser autônomo e vender outro produto, prepare-se financeiramente cogitando que há um período de adaptação e que você precisará variar também sua carteira de clientes, construindo uma relação de confiança e fidelidade com outras pessoas, e isso leva tempo (e investimento).

OBSERVE AS PROFISSÕES EM ALTA NO MERCADO

As profissões no setor financeiro estão crescendo muito com a evolução do mercado de investimentos. Com as mudanças econômicas a partir dos anos 2000, os investidores (pessoas físicas) estão buscando mais tanto a Bolsa quanto profissionais especializados em investimentos, pois precisam arrojar seus investimentos para continuar ganhando um rendimento que supere a inflação no tempo.

No mercado de vendas geral, o movimento que observamos é de pessoas que almejam sua própria liberdade, e por isso preferem trabalhar de maneira autônoma.

Uma dica para observar profissões em alta é acompanhar reportagens e matérias de recrutamento, além de seguir empresas que combinam com o seu perfil no LinkedIn. É como buscar nos classificados, quando eu era adolescente, os trabalhos que mais faziam sentido para mim. O LinkedIn Business mostra um levantamento de principais áreas de crescimento. Pesquisar em fontes confiáveis que trabalham com estatística é um modo de se prevenir para o futuro e entender o que você quer em um trabalho. O *Guia da Carreira* também é uma ótima forma de pesquisa. É importante alinhar suas prioridades com o que você busca para seu futuro, então busque profissões e movimentações que mais se alinham com você no mercado.

ENTENDA A DINÂMICA DE CADA TIPO DE EMPRESA E SEU RESPECTIVO ECOSSISTEMA

No mercado financeiro, por exemplo, destaco que, do ponto de vista de quem contrata, entre os principais tipos de empresas que você pode ter no radar estão (dependendo da profissão que você busca): bancos em fase de modernização e mudança, corretoras, escritórios de assessores de investimentos, gestoras e casas de análise. Nos bancos, você tende a encontrar mais estrutura, além de times, organogramas e remunerações mais tradicionais. Já em corretoras e escritórios de assessoria de investimentos você encontra mais autonomia, mais abertura a novas ideias, uma demanda maior por proatividade e protagonismo dos profissionais. Nas gestoras, a estrutura costuma ser menor, com times mais enxutos; por isso, a experiência acaba sendo um fator de grande relevância no processo seletivo.

No caso do mercado de vendas em geral, devemos lembrar que boa parte dos vendedores, ainda que trabalhem em grandes empresas, ainda é de autônomos, dependendo das vendas para receber sua comissão. Eles criam sua própria carteira de clientes. Ao escolher uma nova empresa para migrar, entenda como funciona a cultura dela e como é o sistema de trabalho. É hierárquico? É mais horizontal? Você tem mais (ou menos) liberdade para trabalhar do seu jeito? Essas perguntas são necessárias para que você e a empresa estejam alinhados com relação ao objetivo final do contrato de trabalho, lembre-se da Liderança Inteligente de alguns capítulos anteriores.

Especialmente no início da transição, nem sempre chegamos ao trabalho dos sonhos de primeira, porque isso depende do nosso objetivo em longo prazo. Entender o que você almeja é o ponto-chave aqui. Enquanto eu me profissionalizava, aceitava dar aulas e fazia parte de projetos que nem sempre traziam o retorno financeiro que eu gostaria, mas eles me davam experiência. Eu não estava exatamente onde queria, mas sabia que aquele trabalho seria uma ponte para me levar aonde eu queria chegar.

E A IDADE? PODE SER UM IMPEDIMENTO? É POSSÍVEL FAZER UMA TRANSIÇÃO DE CARREIRA PARA O MERCADO FINANCEIRO APÓS OS 50 ANOS?

Após trabalhar tantos anos auxiliando na transição de carreira de diversas pessoas de diferentes idades, não tenho dúvidas de que a experiência de vida e os relacionamentos podem fazer uma diferença positiva considerável para profissionais novos no setor, sobretudo aqueles que buscam trabalhar diretamente com o cliente e fidelizar pessoas.

Se você se propuser a transpirar no ritmo necessário, a idade não importará em nada. E digo mais: ela pode ajudar, e muito, se você já for sênior e experiente na vida como um todo. Explico: pense em você e nos seus amigos, nos colegas de faculdade e em todo o núcleo de relacionamento que você criou quando era jovem. Qual era a maturidade que vocês tinham nessa fase inicial de vida? Era maior ou menor do que hoje? Avaliar e pensar sob esse ângulo nos faz perceber que a maturidade e a capacidade das pessoas só aumentam ao longo da vida. Esse raciocínio mostra que você pode ter muitas vantagens ao iniciar uma nova carreira após os 50 anos, por exemplo.

Vejo muitos casos de assessores de investimentos, por exemplo, em segunda ou terceira carreira na vida dando muito certo na profissão, porque acionam, com intensidade e paixão, sua base de relacionamentos de uma vida inteira. E essa rede de contatos, por conseguinte, está muito mais apta, madura e pronta para investir melhor. Tudo se soma na sua nova profissão; nada se perde. Portanto, esqueça a questão da idade. Não se apegue a isso.

Pessoalmente falando, comecei cedo. Um dos meus maiores desafios foi passar confiança para investidores sendo tão jovem e mulher em um mercado no qual, tradicionalmente, homens com cabelos brancos eram as referências com quem se tentava falar sobre investimentos. Quando digo que pegava peças emprestadas no guarda-roupa da minha avó, muitas pessoas acham que é uma brincadeira, mas não é.

O mercado de vendas é um negócio de confiança e técnica. É preciso gostar de pessoas, de suor, de transpiração, de ética, de paixão e de resiliência. Se você carregar essas características, será bem-sucedido, não importa a idade.

Para dar o primeiro passo na mudança, é possível procurar um curso ou mentoria que ajude você e que também o auxilie nas questões comportamentais da profissão, pois são aspectos que, em uma transição, farão muita diferença.

Existem cursos de formação completa, mentorias, graduações e MBAS que se preocupam em ter, no currículo, aulas de comunicação, branding pessoal, autoliderança para performance, captação e prospecção de clientes, por exemplo, conteúdos pensados com base na prática da carreira e que não estão nos livros.

Mencionei aqui a Dani, que, ao entrar na minha equipe, se tornou uma das pessoas mais dedicadas ao Método dos Esforços que já conheci.

> "A metodologia olhava para além de bater ou não a meta; ela nos permitia conectar melhor o esforço com o resultado e provocava a autorresponsabilidade. Mesmo em uma empresa em construção, como era a XP na época, sem processos ou sistemas totalmente estruturados, tive muito mais impacto na minha vida profissional do que no banco."

É por isso que digo que mudar de trabalho só por mudar, sem um plano e sem entender em quê seu esforço está sendo colocado, é perda de tempo, porque você corre, corre e não chega a lugar algum.

Para dar o primeiro passo na direção da mudança, prepare-se corretamente. Não foque apenas as questões técnicas da área de investimentos. Isso é importante, sim, mas seu diferencial para o sucesso estará nos aspectos comportamentais, nas *soft skills* (habilidades comportamentais) somadas às *hard skills* (habilidades técnicas). Basicamente, o objetivo é fazer você sair pronto, com as competências certas para obter sucesso profissional no mercado.

CAPÍTULO DEZ
VIDA LIVRE

Até o presente momento, tudo o que apresentei a você foi vivido ao longo de mais de 17 anos de carreira na xp Investimentos. Ainda hoje continuo ajudando com prestação de serviços para a xp Educação, dando cursos e aulas para assessores. Acredito no trabalho árduo, e não posso negar que, sendo a educação a minha grande motivação, é difícil me afastar dela — e nem quero.

Depois de sair da xp, eu me vi novamente com 17 anos de idade, na frente do júri simulado da feira de carreiras em que estive e com uma grande decisão em mãos: O que fazer agora? Uma etapa acabou. O que o futuro me reserva?

Iniciei o livro dizendo que O *Mínimo Esforço* começou com uma janela, por onde eu enxergava e sentia a brisa da minha liberdade. A verdade é que, após tantos anos, não enxergo mais uma janela. Batalhei por muito tempo para conquistar itens materiais, a ponto de hoje em dia estar me desapegando aos poucos desse objetivo de vida, porque já o alcancei e me satisfaço com minhas vitórias até o momento.

Meus Sonhos Grandes agora são imateriais: quero ajudar ainda mais a educar o Brasil financeiramente, ou dar liberdade a jovens e adultos que querem sair da asa do próprio destino para controlá-lo como quiserem. Eu ainda não sei quais caminhos vou seguir, e não vejo problema nisso, porque me esforcei ao máximo por quase duas décadas, dia e noite, para chegar a um patamar da minha vida no qual eu possa me dar ao luxo de *escolher* o que quero fazer, e não fazer simplesmente porque preciso pagar as contas no fim do mês. Neste momento, em paralelo com a escrita e produção do livro, também mentoro Assessores e Líderes Comerciais em busca de aumento de performance.

Em setembro de 2023, fiz uma viagem de motocicleta para o Atacama, passando por quase todo o interior da Argentina. Se você já andou de moto — e pior, na garupa —, sabe que deve entregar seu peso e sua confiança à pessoa que está pilotando. Precisa se segurar, confiar e apreciar a paisagem. Não há controle.

Passei por tempestades de areia, dormia em hotéis à beira da estrada, sentia o vento batendo em meus cabelos o tempo inteiro e, enquanto tudo isso acontecia, eu vivi uma paz diferente. A paz de quem chegou a um ponto no qual o controle não é mais necessário. Eu não preciso me preocupar o tempo inteiro. Eu posso simplesmente me segurar, fechar os olhos, sentir o vento bater em meu rosto, sorrir para o céu e não me preocupar se alguém está respondendo aos meus e-mails.

Foi com isso que eu sonhei desde criança, e não há nada melhor do que realizar seus sonhos.

Depois de tantos anos falando demais, estou mais introspectiva. Meus amigos brincam: "Ei, por que você está tão quieta?". Porque eu quero ouvir e observar mais, ponto-final. Eu consigo ouvir meus próprios pensamentos. Posso acordar num dia e pensar: "O que quero fazer hoje?". Duas décadas atrás, jamais imaginaria poder viver isso, sentir tudo isso. Mas eu posso. E você pode também. Talvez o silêncio seja apenas parte do deleite e da contemplação, talvez seja o preparo para a nova fase.

Percebi a graça da liberdade quando o pneu do meu carro furou e eu pude ir à borracharia no horário comercial sem ficar desesperada e me preocupando por não estar em dez reuniões. Hoje, tenho prazer absurdo em ir à borracharia. Esse é um valor que ainda estou aprendendo a usufruir, porque, não me leve a mal, quando se passa uma vida inteira ligada no 220 volts, é muito difícil largar o osso e aceitar que eu posso simplesmente viver em paz. A introspecção é importante nesse passo.

E você pode me perguntar: "Bianca, agora que você viveu o caos e vive a calmaria, teria feito algo diferente?". A resposta é simples: não.

Creio que foi plenamente necessário o ritmo que eu mantive por quase 20 anos. Quem eu sou hoje não existiria se não fosse por aquela Bianca, porque este lugar onde estou requereu 200% de mim. Me dou conta de que vivo tranquilamente agora, porque vivi insanamente por um tempo definido no meu plano.

Eu era sempre aquela que nunca podia falar com ninguém, que corria de um lado para o outro e que tinha tanto foco, que poderia parecer meio obsessiva para quem nunca sonhou em ser livre. Eu era aquela pessoa que, quando chegava a hora do happy hour, estava trabalhando para atingir minhas metas e sempre era a última a chegar.

De certa maneira, esse ritmo foi necessário para hoje me dar o prazer de viver outras experiências. Não mudaria nada na minha jornada, porque ela é complementar.

E que ótimo que agora posso viver tranquilamente! Não advogo uma vida inteira em ritmo insano. Acho que viver para trabalhar até morrer é simplesmente deixar de olhar para a vida com amor. Mas eu tinha um objetivo, e o cumpri. Estou colhendo os frutos do meu próprio esforço — e que delicioso é o sabor de ser livre!

Cheguei a um lugar da minha vida em que posso dizer *não*. Escolho o que fazer, quando fazer e com quem fazer. Porém, para chegar até aqui, aguentei muita coisa. Trabalhei recebendo pouco para ganhar experiência e fazer networking. Se você está no começo da sua carreira, indo atrás do seu trabalho e do seu sonho, toda oportunidade é válida para se autoafirmar. Não dá para se esquivar do esforço, apesar de no começo ele ser muito maior do que o retorno imediato.

E aí entra a filosofia de vida. O esforço que você faz se converte em algo prático para seu sonho, seus planos. Eu aceitava dar aulas recebendo menos do que eu gostaria, mas via como chance de ganhar experiência, fazer contatos e me engajar com pessoas da minha comunidade. Às vezes, uma pessoa leva você a um lugar, e então para outro. No fim, vale a pena. Você precisa arregaçar as mangas e a barra da calça para entrar no trabalho, porque isso traz resultado.

Este livro, O *Mínimo Esforço*, nada mais é do que uma exposição de todos os anos em que arregacei as mangas e me pus a trabalhar para encontrar o método em que eu entregaria mais resultado de maneira mais eficiente. Para que você finalize estas páginas com tudo fresco na mente, vamos relembrar alguns pontos importantes seguindo a lógica da valorização de tempo. Vamos direto ao ponto:

> *O Mínimo Esforço* é uma metodologia focada em quantificar e gerenciar a menor unidade de esforço possível para realizar seu Sonho Grande ou objetivo. Não há limitação para o Método. Você pode pô-lo em prática na sua vida profissional ou pessoal e até mesmo utilizá-lo para alcançar um objetivo em curto ou longo prazo. O importante é **planejar**, **executar** e **acompanhar a execução**.
>
> A maturidade é o prolongamento do tempo entre o impulso e a ação.

Os quatro pilares para buscar equilíbrio para a sua vida são **mente**, **corpo**, **espírito** e **finanças**.

Os 10 princípios para a liberdade financeira são:

1. fazer autoanálise de custo mensal;

2. após elaborar a gestão das suas finanças de forma geral, pense em distribuí-las nas caixinhas;

3. ser o melhor amigo do seu tempo;

4. refletir sobre a compra da casa própria;

5. atentar a cartões de crédito, contas bancárias e linhas de crédito;

6. aplicar o Método dos Esforços e montar o plano;

7. investir de 10% a 30% do que você ganha;

8. ter parte desse investimento em uma reserva para emergência, em liquidez imediata (algo em torno de 3 a 6 meses do seu custo mensal);

9. executar com foco, disciplina e prazer;

10. acompanhar o planejado x realizado.

Antes de mudar de área de trabalho, atente a questões como: ambientação prévia, preparo financeiro para a transição, observação das profissões em alta no mercado e entendimento da dinâmica de cada tipo de empresa e seu respectivo ecossistema.

Sempre que precisar relembrar os ensinamentos do livro, volte a estas páginas, revisite os conceitos e releia suas anotações ao longo do texto. Este livro é seu. Faça com ele o que quiser: rabisque-o, anote nele, grife partes importantes. O que vale é colocar em prática o que está nessas páginas.

Não acredito que exista um único caminho a percorrer, afinal de contas, o mundo é plural. A constante em toda jornada é o esforço, e você pode se tornar parte do seleto grupo que coloca o esforço acima de tudo e o gerencia, ao invés de tentar gerenciar o resultado, como a maioria das pessoas faz, por isso, conquista o que é seu com muita garra e determinação. Foi o que eu conquistei para mim com muito esforço, e é o que eu quero para você, leitor. Não se satisfaça com o raso. Mergulhe nas profundezas do autoconhecimento.

E, o mais importante, seja *livre*.

AGRADECIMENTOS

Sempre valorizei a importância de expressar gratidão, seja com palavras, orações, homenagens, reconhecimento ou demonstrações de amor. E, ao escrever este livro, o capítulo que saiu mais fácil foi este. E faço daqui o meu espaço especial.

A todas as pessoas até aqui citadas ao longo do livro, sou grata por, de alguma maneira, terem feito parte da minha história.

Sou grata pela minha educação, formação, pelos princípios que meus pais me ensinaram, por ter tido eles comigo durante toda a infância e adolescência. Grata pelas pessoas com quem trabalhei e aprendi ao longo do caminho; pelas pessoas que confiaram em mim para seu desenvolvimento e acabaram, com isso, permitindo o meu próprio desenvolvimento. Pessoas que me inspiraram e me deram também sua escuta ativa.

Pessoas que liderei, as que me lideraram e colegas de jornada, são muitas, não conseguiria listar aqui. Pessoas que riram e choraram comigo, por motivos profissionais e por tantos outros. Pessoas que seguraram minha mão nos momentos mais difíceis, quando minha mãe fez sua passagem daqui para um mundo melhor e mais evoluído.

Elis Regina (que nunca usa seu nome como é, usa sempre apenas Elis), minha amiga, irmã, muito obrigada! Obrigada também, por lá no início da minha vida de assessora, você ter me apoiado com nossas parcerias de eventos no universo jurídico. Muitos dos meus clientes eram advogados, por conta disso. Talvez você não saiba disso, mas foi muito importante para a minha acelerada inicial na carreira na xp.

Nasci e me criei em Porto Alegre, filha de uma família de classe média. Estudei em escola boa graças a muito suor de trabalho do meu pai. Ele tem um carisma comercial, é um engenheiro mecânico e trabalhou com vendas de máquinas de grande porte para construção civil, escavadeiras e retroescavadeiras quase que toda sua vida profissional. Admiro seu capricho no trabalho, dedicação e amor pelo que fazia. Paulo César Juliano deu-me muito exemplo de como trabalhar de forma correta, ser tecnicamente competente, dedicada e desenvolver um forte relacionamento com clientes. Ele é a pessoa que torce por mim como ninguém, me admira, me ajuda, me apoia e continua sempre pronto para me ajudar. Quando ingressei na xp, meu pai ia a todas as minhas palestras, e durante o *coffee break*, abria sua agenda com a anotação das cotas diárias de evolução dos fundos, que eu distribuía e puxava assunto com os *prospects* nas rodas de conversa, mostrando a evolução positiva da cota. Fazia isso como uma prova social do fundo que ele investia pensando em me ajudar a captar mais clientes. Muito incentivador isso, né? Com uma força dessas, como não ter muita energia para seguir adiante? Ele e uma das minhas melhores amigas, a Renata Gonzalez, quase brigaram para serem meus clientes número 1 e 2. Ambos foram correndo na XP abrir sua conta, quando eu já estava pronta para começar. Chegaram lá quase juntos! Como não lembrar disso e não agradecer por isso?!

Minha mãe, uma mulher admirável pela sua força interna, evoluída espiritualmente, que sempre me ensinou muito sobre a vida. Sempre me deu muitos conselhos e se dedicou plenamente à minha educação e formação. À noite, enquanto eu dormia, ia ao meu ouvido falar que eu brilharia na busca das conquistas, dizia que a minha "estrela" iria brilhar, reforçava o quanto eu era amada e forte, quanto amor eu tinha na minha família, e quão valioso isso era. Ela dizia que eu realizaria todos os meus sonhos. Ela, com isso, me deu muita confiança e coragem para me aventurar na vida! Hoje entendo o valor deste gesto, com base em meus estudos de especialização em neurociência. Se você tem filhos, leia mais sobre isso! Além disso, sempre fui muito dedicada aos estudos, algo que minha mãe sempre fez questão de deixar marcado em mim, a importância disto e — realmente — fez muita diferença.

Minha avó materna Landa (Iolanda), andava para lá e para cá, viajava, era independente, arrumava-se linda, com bota até os joelhos, de couro caramelo, saia xadrez, no frio do inverno porto-alegrense e saía à tarde para trabalhar na Biblioteca do Colégio Júlio de Castilhos, conquistou seu espaço, mesmo quando trabalhar não era comum para as mulheres.

Minha avó paterna Chiquinha (Francisca), uma romântica apaixonada pela vida, pela natureza, pela família e pela casa, mãe de cinco filhos (perdeu quatro filhos em vida e o marido), só sobrou meu pai vivo e, ainda assim, sempre foi apaixonada pela vida, pelos cantos dos pássaros. Ela me chamava de raio de sol. Eu adorava conversar com ela, era minha confidente de casos de amor, era altamente inspirada. Aos mais de oitenta anos, estudava inglês por fita-cassete e sonhava em ter o computador do Silvio Santos para conhecer o mundo através da internet.

Rosane Ribeiro — minha madrasta, que chamo de "boadrasta" — me incentiva e fortalece, troca ideias comigo, adoramos ter altas horas de conversas profundas, e torce sempre por mim. Ela se realizou profissionalmente, tornou-se independente financeiramente e educou muitas pessoas com seu trabalho focado em pedagogia empresarial. Conseguimos nos entender nas conversas e, também, nos olhares e expressões. Apoiamo-nos quando o sapato aperta e quando está confortável também. Somos muito parecidas em estado de espírito. E, além de tudo isso, ela, com certeza, foi minha maior incentivadora para a escrita deste livro, também me ajudou na sua revisão, lendo e relendo várias vezes e me passando muitos *feedbacks construtivos*.

    Minha madrinha — minha dinda — Vera Lúcia, sempre foi uma mulher forte que buscou romper barreiras, estudar e ter duas graduações: Pedagogia e Direito — esta última que fez depois de casada, já mãe de três filhos. Sempre extravagante, à frente do seu tempo nas suas roupas e estilo, onde chegava abafava, adorava esperar ela chegar nos meus aniversários, para ver qual sapato colorido estaria usando, as cores iam do roxo ao vermelho, passando pelo amarelo. Um show à parte! Talvez dela tenha vindo a minha mania de usar batom marcante e, foi ao escrever este livro, que me dei conta disso. E ela é a primeira a me cobrar: *"Cadê o batom, Bianca?"*, quando posto uma foto sem.

    Algumas pessoas foram fundamentais em minha vida, suas demonstrações de apoio ajudaram a construir minha autoconfiança ao longo do tempo. Hoje, lembrando da importância de cada uma delas na minha trajetória, posso ver como as partes importantes da minha história estavam menos no valor superficial de minhas realizações e mais no que as alicerçava: pessoas que amamos e nos amam.

    Se este livro tocou você em algum momento, conta para mim, me manda uma mensagem no Instagram (@biancajuliano_), pois vou adorar ler e responder! Foi por essa troca que saí da minha zona de conforto e vim escrever este livro.

Bianca Juliano

SIGA A BIANCA JULIANO NAS REDES SOCIAIS

Instagram
instagram.com/biancajuliano_

LinkedIn
br.linkedin.com/in/bianca-juliano-27b9b888

Este livro foi composto por Maquinaria Editorial nas famílias tipográficas FreightText, Klavika e Acumin. Capa em papel Supremo Alta Alvura LD 250 g/m² e miolo em papel Off-White Paper Plus 65 g/m². Impresso na gráfica Plena Print em abril de 2024.